4차원의 영성

리더십 학교

SELFWAR

4차원의 영성
리더십 학교

이영훈 지음

교회성장연구소

모든 영광을 하나님께 올려 드리며
4차원의 영성을 개발하고 전파하신
조용기 목사님께 감사의 마음을 전합니다

머리말

21세기는 변화와 도전의 시대입니다. 많은 사람들이 이러한 시대적 흐름에 불안을 느끼고 영적인 것에 관심을 갖고 있습니다. 조용기 목사님의 '4차원의 영성'은 여의도순복음교회를 성장시킨 영적 원리로서 한국뿐 아니라 세계의 교회에 큰 영향력을 미치고 있습니다. 특히 조용기 목사님의 사역을 본받은 수많은 영적 지도자들이 4차원의 영성을 배우고 목회에 적용함으로써 놀라운 교회 성장을 이루었습니다. 이제 4차원의 영성은 조용기 목사님 개인의 목회 철학을 넘어서 이 시대에 뜨거운 성령의 바람을 불러일으키는 새로운 패러다임이라 할 수 있을 것입니다.

모든 공동체에 있어서 공동체의 성격과 크기를 막론하고 리더의 영성은 그 무엇보다 중요합니다. 각각의 구성원들에게 비전을 심어 주고

독려해 줌으로써 그 공동체의 나아갈 방향을 제시하는 것이 리더의 역할이기 때문입니다. 그러므로 4차원의 영성 리더십을 통해 공동체를 이끈다면 3차원적 환경을 뛰어넘어 하나님의 꿈과 비전을 향해 함께 나아갈 수 있습니다. 이를 위해서 리더는 먼저 자기 자신과의 싸움에서 승리해야 합니다. 자기 스스로를 넘어뜨리는 게으름, 교만, 분노, 시기, 질투 등 이러한 모든 영적 공격을 이겨 내야만 하는 것입니다. 예수님을 만나기 전에 우리를 붙들고 있던 옛사람의 모습은 쉽게 우리를 놓아주지 않습니다. 아무리 좋은 설교를 많이 듣고 기도를 많이 한다 하여도 그것이 삶 속에서 변화로 나타나지 않으면 아무 소용이 없습니다. 그러나 성품의 변화는 저절로 얻어지는 것이 아닙니다. 영적 성장을 위해 성령님의 도우심을 구하고, 개인의 노력을 더할 때 궁극적으로 성령의 열매를 거둘 수 있게 됩니다.

『4차원의 영성 리더십 학교』는 삶의 변화로 나타나는 영적 성장을 돕기 위해 'SELF WAR'를 주제로 일곱 단계의 프로그램을 개발하였습니다. 이 과정은 4차원의 영성으로 무장하여 자기 자신과의 싸움에서 승리할 수 있도록 인도해 줄 것입니다.

1단계(Self Image)는 예수님 안에서 영적 승리의 자화상을 개발해 나가는 시간입니다. 2단계(Enthusiasm)에서는 주를 섬기는 열정으로 오늘을 살 수 있도록 인도합니다. 3단계(Living Vision)는 마음하늘에 하나님이 주시는 꿈을 품을 수 있도록 도와줍니다. 4단계(Faith in Jesus)

에서는 모든 상황 속에서도 절대 긍정의 믿음을 소유할 수 있는 비결에 대해 배웁니다. 5단계(Word)는 하나님이 주신 꿈과 비전을 믿음의 언어로 선포할 수 있도록 이끌어 줍니다. 6단계(Amen)는 성령 하나님의 음성에 순종하는 법을 배우는 단계입니다. 마지막 7단계(Rebuilding)에서는 자기 개발과 훈련에 성공하여 4차원의 영성이 거룩한 습관으로 자리 잡을 수 있도록 도와줄 것입니다.

이 일곱 단계의 훈련은 각각의 단계가 서로 영향을 미치는 유기적인 관계에 있습니다. 만약 어느 한 단계에 대한 성장이 미흡하면 다른 단계에도 영향을 미칠 수 있는 것입니다. 그러므로 자신에게 부족한 부분을 더 집중적으로 훈련하여 균형 잡힌 영적 성장이 이뤄질 수 있도록 해야 합니다.

매 주일 교회에 출석하고 열심히 봉사하지만 어느 순간 영적 성장이 더디거나 멈췄다고 느낀다면, 바로 지금이 변화와 성숙의 열매를 맺을 기회입니다. 4차원의 영성은 하나님을 더욱 깊이 알아 가고 하나님과 교제할 수 있는 통로입니다. 또한 우리 삶의 문제를 성령님의 능력으로 돌파할 수 있도록 도와주는 '천국 문을 여는 열쇠'입니다.

이제 당신 손에 그 열쇠가 쥐어집니다. 그 사용법을 배우고 싶다면 '4차원의 영성 리더십 학교'에서 시작하는 교육에 동참하십시오. 교육이 다 끝난 후에는 그동안 체험하지 못했던 놀라운 하나님의 은혜와 능력 안에 거할 수 있을 것입니다. 모든 성도들이 4차원의 영성을 통해 삶의 문제를 해결 받고 더욱더 예수님을 닮은 성품으로 변화되기를 기도하겠습니다.

여의도순복음교회 당회장

이 영 훈

추천사

50년의 사역을 돌아보면 모든 것이 하나님의 은혜요, 성령님의 도우심이었습니다. 특히 4차원의 영성은 천막교회에서부터 여의도순복음교회에 이르기까지 성령님의 능력을 경험하게 해준 중요한 영적 원리입니다. 그동안 설교와 저서를 통해 수없이 강조해 왔지만, 체계적인 교육 교재를 통해 성도들에게 도움을 줄 수 있었으면 하는 소망이 늘 있었습니다. 다행히 이번에 저의 제자이며 동역자인 이영훈 목사를 통해 『4차원의 영성 리더십 학교』가 발간되어 진심으로 기쁘게 생각합니다.

4차원의 영성을 간혹 마인드 컨트롤이나 자기 암시와 비슷한 것으로 잘못 해석하여 적용하는 이들이 있습니다. 그러나 4차원의 영성은 그러한 3차원적인 세상의 지식과는 확연히 다릅니다. 성경의 가르침과 성령님의 인도하심을 알지 못하면 전혀 깨달을 수도, 접근할 수도 없는 기독교의 영적인 원리입니다. 이영훈 목사는 오랜 시간 이를 연구하고 사역 현장에서 직접 체험함으로써 4차원의 영성에 대한 정확한 이해를 갖고 있으며, 이를 바탕으로 본 교재를 제작하였습니다.

더욱이 이영훈 목사는 목회자의 마음을 가지고 누구나 쉽게 읽을 수 있고 신앙생활에 적용할 수 있는 교재를 만드는 데 힘썼습니다. 그러므로 4차원의 영성으로 리더십을 훈련하고자 하는 모든 성도들에게 이 교재가 큰 도움을 줄 수 있을 것이라고 생각합니다.

지도자의 영성이 살아 있을 때 그 공동체에 생명력이 있습니다. 본 교재를 통해 많은 성도들이 크고 작은 공동체에 생명력을 불어넣어 주고, 하나님 나라의 확장을 위해 귀히 쓰임 받는 지도자로 세워지길 기대합니다. 4차원의 영성 리더십 학교를 졸업하는 모두에게 성령님의 기름 부으심이 넘치기를 축원합니다.

여의도순복음교회 원로목사
조 용 기

CONTENTS

| 머리말 | ...6

| 추천사 | ...10

| 매뉴얼 | ...14

| 들어가며 | ...16

Step 1 **S**elf Image
예수 안에서 영적 승리의 자화상을 개발하라 ...24

Step 2 **E**nthusiasm
주를 섬기는 열정으로 오늘을 살라 ...36

Step 3 **L**iving Vision
마음하늘에 하나님의 꿈을 그려라 ...48

Step 4 **F** aith in Jesus
모든 상황 속에서 절대 긍정의 믿음을 길러내라 ...60

Step 5 **W** ord
믿음으로 꿈과 비전을 선포하라 ...72

Step 6 **A** men
성령 하나님의 음성을 듣고 순종하라 ...84

Step 7 **R** ebuilding
자기 개발과 훈련에 성공하라 ...96

● 워크숍 : 4차원의 영성 리더십 훈련 ...108

1-2p

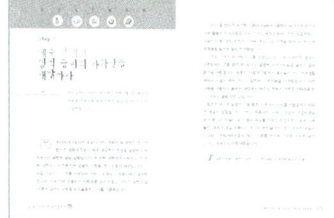

1) 학습목표 & 예화 & 질문

학습목표를 다 함께 큰 목소리로 읽고 본론에 들어가기에 앞서 'Story(예화)'를 편안한 마음으로 읽어 내려갑니다. 예화를 읽고 난 후에는 각자의 삶을 소개하거나 되돌아보는 질문에 솔직하게 답합니다.

3-5p

2) 서론 & 본론

서론과 본론으로서 핵심적인 내용을 담고 있습니다. 그룹 양육의 경우, 인도자는 이 부분의 내용을 충분히 숙지한 후 교육 받는 사람들에게 전달하도록 합니다. 주제 성경 구절을 암송하거나 1부터 4까지의 제목들을 암송하면서 주제의 핵심을 머릿속에 그려 넣도록 합니다.

6p

3) 성경 속 리더 이야기

주제에 맞는 성경 속 리더들의 이야기를 통해 자신의 삶과 비교해 보고, 반성할 점과 적용할 점을 찾아 나가도록 합니다.

4) 성경 퀴즈

성경 이야기를 좀 더 깊이 있게 배워 보는 시간입니다. 질문과 관련된 답을 제시된 성경 구절을 통해서 찾아보거나 유추하여 적어 봅니다. 성경책을 따로 펴지 않아도 되도록 관련 성경 구절들을 실어 놓았습니다.

7-8p

5) 결론 & Check Point

지금까지 배웠던 내용들을 정리하는 시간입니다. 특별히 'Check Point'를 통해 핵심 어휘들을 생각해 내도록 합니다. 괄호 안의 답은 본론의 1에서 4까지의 제목에 있습니다.

9p
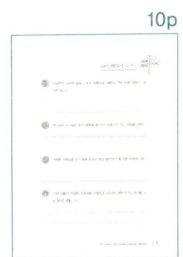

6) 내가 변화되는 시간

지금까지 배운 내용들을 바탕으로 과거의 나를 돌아보고 앞으로의 실천을 결심하는 시간입니다. 기도하며 차분한 마음으로 네 가지 질문에 알맞은 내용을 써내려 갑니다. 모임 시에는 다른 사람과 각자의 이야기를 나누며 서로 공감하고 격려해 주는 시간을 갖도록 합니다.

10p

7) Workshop

7단계에서 배운 내용을 최종적으로 점검하면서 자신의 삶에 적용해 보는 시간입니다. 앞으로 4차원의 영성이 거룩한 습관으로 자리 잡을 수 있도록 결단하시면 됩니다.

Workshop
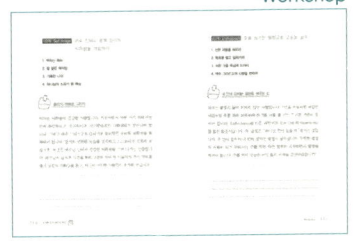

4차원의 영성과 리더십의 중요성

'영성'은 성령 안에서 전인적으로 예수 그리스도의 성품을 닮아가는 것입니다. 4차원의 영성은 조용기 목사님이 반세기 동안 세계 최대 교회인 여의도순복음교회를 목회하시면서 성령 하나님과 깊은 교제를 통해서 체득한 영적 세계의 법칙을 말합니다. 영적 세계를 이해하는 출발점은 "보이는 것은 나타난 것으로 말미암아 된 것이 아니니라(히브리서 11:3)."라는 말씀에서 출발합니다.

다시 말해 영적 세계가 현실 세계를 지배한다는 것입니다. 이것을 이해하면 4차원의 영성이 왜 중요한지를 알 수 있게 됩니다. 성경적인 그리스도인의 삶을 가능하게 만드는 영성 원리이기 때문입니다. 이를 위해서는 3차원에 속한 자기 자신에 대한 성찰을 통해 4차원의 세계를 받아들이는 것이 매우 중요합니다. 한마디로 영적 승리를 위해서 자기 자신과의 싸움(Self War)이 절대적으로 필요합니다. 또한 자신과의 싸움에서 승리하고자 한다면 4차원의 영성을 통해 리더십을 개발해야 합니다. 지금부터는 4차원의 영성을 체득하기 위한 여정을 아래와 같이 7단계(SELF WAR)로 살펴보고자 합니다.

1단계 Self Image 예수 안에서 영적 승리의 자화상을 개발하라
2단계 Enthusiasm 주를 섬기는 열정으로 오늘을 살라
3단계 Living Vision 마음하늘에 하나님의 꿈을 그려라
4단계 Faith in Jesus 모든 상황 속에서
절대 긍정의 믿음을 길러내라
5단계 Word 믿음으로 꿈과 비전을 선포하라
6단계 Amen 성령 하나님의 음성을 듣고 순종하라
7단계 Rebuilding 자기 개발과 훈련에 성공하라

1. 4차원의 영성이란?

4차원의 영성은 한마디로 십자가의 능력으로 우리의 삶에 변화를 가져오는 영적 원리입니다. 4차원의 영성을 이해하려면 먼저 보이는 3차원의 현실 세계가 보이지 않는 4차원의 영적 세계의 지배를 받고 있다는 것을 이해해야 합니다. 왜냐하면 하나님은 인간을 창조하실 때 다른 피조물들과는 달리 생기를 불어넣어 영혼을 가진 영적 존재, '생령(a living soul, 창 2:7)'으로 창조하셨기 때문입니다. 따라서 인간의 육체

는 시간과 공간의 제약을 받는 현실에서 살지만, 영혼은 영적 세계에 속해 있음을 알아야 합니다.

하나님은 예수님의 십자가를 통해서 죄로 인해 죽었던 인간의 영을 살리시고, 그리스도 안에서 새로운 피조물의 삶을 허락하셨습니다. 그런데 '그리스도 안에서 새로운 피조물'로 살아가기 위해서는 이전 삶의 방식을 버리고, 새로운 영적 삶의 방식을 붙들어야 합니다.

우리 삶에 변화가 나타나기 위해서는 먼저 생각, 믿음, 꿈, 말이 달라져야 합니다. 이 4가지 요소는 보이지는 않지만 현실 세계를 지배하는 힘을 가지고 있습니다. 또한 4가지 요소가 유기적으로 연결되어 서로 영향을 주고 받습니다.

우리 삶의 생각, 믿음, 꿈, 말이 4차원의 영성으로 충만해질 때 현실 세계를 정복할 수 있습니다. 이 법칙은 이론이 아니라 평생을 성령님과 동행한 조용기 목사님의 경험에서 나온 것으로, 매 순간 성령 하나님을 의지하는 삶을 살 수 있도록 도와주는 가장 실제적인 영성 원리입니다.

2. 4차원의 영성 기초

4차원의 영성의 신학적 기초를 살피는 일은 매우 중요합니다. 최근

들어 많은 사람들이 4차원의 영성을 잘못 이해하여 복음의 능력을 간과하고 단순한 성공학으로 받아들이는 경우가 많습니다. 어떤 이들은 베스트셀러로 잘 알려진 『시크릿(Secret)』에서 이야기하는 마인드 컨트롤이나 적극적 사고방식 같은 것과 다르지 않다고 여기는 경우도 있습니다.

사실 4차원의 영성은 이런 것들과는 출발부터가 다릅니다. 예컨대 4차원의 영성은 수면 위에 드러난 빙산의 일각과 같습니다. 4차원의 영성을 온전히 이해하기 위해서는 수면 아래에 존재하는 거대한 사상적 기초-예수 그리스도의 십자가, 전인적 구원을 통한 삼중축복, 오중복음-를 이해해야 합니다. 즉, 예수 그리스도의 십자가에서 선포된 전인적 구원을 이루기 위해 성경에서 말하는 복음의 참된 의미를 이해하는 것이 선행되어야 합니다.

4차원의 영성은 십자가에서 이루신 전인적 구원과 축복을 우리 삶에 온전히 완성시키기 위해 하나님의 생각과 믿음, 꿈, 말을 우리 삶에 프로그래밍하는 것입니다.

3. 4차원의 생각

4차원의 영성에서 가장 중요한 것은 우리의 생각을 하나님의 생각으로 재구성하는 것입니다. 4차원의 영성은 무조건적인 긍정적인 생각과는 차원이 다릅니다. 4차원의 영성에서 말하는 생각은 출처가 분명합니다. 바로 예수 그리스도의 십자가 승리입니다. 그렇다면 왜 긍정적인 생각이 중요할까요? 생각이 긍정적이면 마음에 긍정이 심겨지고 결국 운명과 환경까지 긍정적으로 변화할 수 있기 때문입니다. 반대로 생각이 부정적이면 마음도 부정적이 되고 결과적으로 운명과 환경도 부정적이 되는 것입니다.

사람의 마음은 밭입니다. 마음 밭에 무엇을 심는가에 따라서 거두게 되는 열매가 달라집니다. 마음에 잘못 심으면 잘못된 열매를 맺게 됩니다. 우리는 이 밭을 생각으로 가꾸어 나갑니다. 그러므로 긍정적인 생각을 하느냐, 부정적인 생각을 하느냐에 따라서 우리의 운명과 환경이 달라집니다. 이것이 우리가 항상 하나님이 주시는 긍정적인 생각을 해야 하는 이유입니다.

4. 4차원의 믿음

하나님의 생각을 받아들이기로 했다면, 이제부터는 하나님의 약속이 주어지기까지 믿음으로 사는 훈련을 해야 합니다. 조용기 목사님은 "4차원의 믿음은 번지점프와 같다."라고 말씀했습니다. '말씀의 줄에 의지하여 벼랑에서 뛰어내리는 것'이라고도 했습니다. 이는 영적 승리를 위해서는 어떠한 믿음의 태도를 지녀야 하는지 잘 보여 주는 말입니다. 우리가 이렇게 절대 긍정의 믿음 안에서 하나님의 말씀에 100% 순종하면 하나님이 우리의 길을 인도하십니다. 믿음의 능력이 나타나게 되는 것입니다.

5. 4차원의 꿈

하나님의 생각이 내 생각에 채워지고, 절대 긍정의 믿음으로 하나님을 기쁘시게 했다면 하나님이 우리에게 유업으로 주실 것들을 꿈꾸기 시작해야 합니다. "여호와를 기뻐하라 그가 네 마음의 소원을 네게 이루어 주시리로다(시편 37:4)."

꿈꾼다는 것은 지금 없는 것을 있는 것같이 마음속에 바라보는 것입니다. 마음속에 삶의 목표를 분명히 하고, 소원하고, 노력하며, 그것이 이뤄지는 모습을 꿈으로 바라봐야 합니다. 십자가를 바라보면 남녀, 노유, 빈부 할 것 없이 꿈을 꿀 수가 있습니다. 예수님은 십자가 보혈을 통해 죄인이 용서 받고 의롭게 되고, 하나님의 영광에 참여할 수 있는 꿈을 주시기 때문입니다.

그러므로 꿈을 마음에 품고 있으면 꿈이 우리를 이끌어 가고 운명과 환경을 만들어 갑니다. 빌 하이벨즈는 '꿈은 내 마음에 열정을 일으키는 미래의 그림'이라고 말했습니다. 우리 인생은 환경이나 조건에 의해 결정되는 것이 아니라 꿈에 의해서 결정됩니다. 꿈은 얼마든지 3차원의 환경과 운명을 극복하고 능히 승리할 수 있게 만들어 줍니다.

6. 4차원의 말

우리 인생을 변화시키는 4차원의 영성 마지막 요소는 말입니다. 말이 중요한 이유는 말이 생각과 믿음, 꿈에 영향을 미치기 때문입니다. 우리는 말의 권세를 인정해야 합니다. 성경은 "죽고 사는 것이 혀의 힘에 달렸나니 혀를 쓰기 좋아하는 자는 혀의 열매를 먹으리라(잠언 18:21)."라고 했습니다.

생각도, 믿음도, 꿈도 모두 말로 심습니다. 우리가 생각을 말하고, 믿음을 말하고, 꿈을 말함으로써 그것이 3차원의 세계에 명령형 언어로 작용하기 때문입니다. 그러므로 말로 잘못 심어 놓으면 잘못 거두게 되고, 말로 잘 심어 놓으면 잘 거두게 됩니다. 그렇기 때문에 말에 영적 권세가 있는 크리스천들은 더욱 말을 조심해야 하는 것입니다.

미국의 사상가 에머슨(Ralph Waldo Emerson)은 "천사의 말을 하면 천사가 찾아오지만 악마의 말을 하면 악마가 찾아온다."라고 말했습니다. 우리가 어떤 말을 하느냐는 이처럼 중요합니다.

7. 4차원의 리더십

예수 그리스도 안에서 삶의 변화를 경험하기 위해서는 3차원에 속한 자기 자신과의 끊임없는 싸움이 필요합니다. 이를 개발하기 위해서 필요한 것이 바로 '4차원의 리더십'입니다. 4차원의 영성으로 무장하여 자신과의 싸움에서 승리할 때 얻어지는 것이 4차원의 리더십입니다.

  이 싸움에서 승리하려면 매 순간 성령 하나님을 의지하고 그분께 순종하려고 노력해야 합니다. 우리의 삶을 그분의 것으로 인정하고 그분의 생각, 믿음, 꿈, 말로 살아갈 때 부정적인 삶의 환경에서 승리할 수 있는 일체의 비결, 영적 리더십을 배우게 되는 것입니다.

Self Image

Enthusiasm

Living Vision

Faith in Jesus

Word

Amen

Rebuilding

Step 1

Self Image
예수 안에서 영적 승리의 자화상을 개발하라

> 우리는 새로운 사람이 되었습니다. 산 물고기가 물길을 거슬러 올라가는 것처럼 영적으로 새사람이 되어서 죄의 물길을 거슬러 올라 하나님께 영광을 돌리며 살아가야 합니다. 우리는 이미 하나님의 나라로 옮겨졌고, 우리 마음에 심령 천국이 이루어졌습니다.

S E L F W A R

Step 1

예수 안에서 영적 승리의 자화상을 개발하라

Self Image

* 하나님께서 나에게 부여하신 자화상을 찾아봅니다.
* 새로운 자화상을 통해 어떠한 삶을 살아야 하는지 고찰해 봅니다.

우리에게 〈로마의 휴일〉이라는 영화로 잘 알려진 오드리 햅번은 영화배우로는 매우 성공적인 인생을 살았지만 여자로서는 불행한 삶을 살았습니다. 첫 번째 남편에게 버림받고, 두 번째 남편과도 이혼하여 상실의 아픔을 겪어야 했기 때문입니다. 그 시절 그녀는 스스로를 사랑받지 못하고 버림받는 사람이라고 생각했습니다. 이로 인해 비뚤어진 자화상을 갖게 되었고, 아이도 남편도 없이 혼자 살면서 외로움과 우울증으로 괴로워했습니다.

그러던 중 햅번은 우연한 기회에 1988년 3월부터 유니세프 친선대사로 활동하기 시작했습니다. 그녀는 에티오피아, 수단, 방글라데시, 소말리아 등 내전 지역과 기아에 허덕이는 지역을 찾아다니며 어린 생명들을 돌보는 일에 헌신했습니다.

그즈음 그녀는 직장암 선고를 받았습니다. 그러나 본인의 생명이 시한부라는 것을 알게 된 후에도 불쌍한 어린아이들을 돌보는 일에 최선을 다했습니다. 체중이 35킬로그램까지 줄어들어 가는 투병생활 속에서도 굶어 죽어 가는 소말리아 어린이들을 걱정했습니다. 다른 사람을 사랑하고 돌보는 과정에서 예수님 안에서 새로운 자화상을 얻고, 새로운 삶을 찾은 것입니다.

햅번은 배우로 살았던 시절 훨씬 아름다운 외모를 가졌었지만 마음은 병들어 있었습니다. 그러나 자화상이 바뀌고 마음이 건강해졌을 때 비록 나이가 들어 늙고 병든 육체를 가지고 있었지만 오히려 사람들은 "우리가 정말 아름다운 오드리 햅번을 만난 것은 로마의 휴일이 아니라 아프리카에서였다."라고 고백할 정도로 그녀의 마지막 삶은 그 어느 때보다도 아름다웠습니다.

> 최대한 많은 어휘를 사용하여 당신이 어떠한 사람인지 표현해 보십시오.

우리는 단 한 번뿐인 인생을 살아가면서 "나는 과연 누구인가? 내가 무엇 때문에 살고 있는가?"라는 질문 앞에 정확하고 분명하게 답할 수 있어야 합니다. 많은 사람들이 자신이 누구인지, 무엇 때문에 사는지도 모른 채 살아갑니다. 그러나 예수님을 믿는 우리는 그러한 태도로 살아서는 안 됩니다. 분명히 자신이 누구인지 알아야 합니다. 분명한 자화상을 갖고 살 때 하나님의 능력으로 영적 승리를 이뤄 나갈 수 있습니다. 우리는 주님 안에서 '변화'라는 축복을 받았습니다. 새롭게 변화되어 새사람이 되었습니다. 상처 입은 과거에 매여 살지 말고, 변화 받은 모습을 바라보며, 주님 안에서 기뻐하고 감사하며 주님께 영광 돌리며 살아야 합니다. 이제 가슴을 펴고 당당하게 고백하십시오. "나는 축복 받은 하나님의 자녀이다. 주님께서 나의 일생을 책임져 주신다. 주님께서 나와 함께하시므로 내 삶의 모든 문제는 다 사라졌다."

> "너희는 택하신 족속이요 왕 같은 제사장들이요 거룩한 나라요 그의 소유가 된 백성이니(베드로전서 2:9)."

1. 택하신 족속

베드로전서 2장 9절은 '너희는 택하신 족속'이라고 말합니다. 우리는 많고 많은 사람들 가운데서 택함을 받은 사람입니다. 이사야 43장 1절은 "내가 너를 지명하여 불렀나니."라고 말합니다. 하나님은 죄악으로 얼룩진 우리들을 거룩하고 흠이 없게 하시려고 창세전에 그리스도 안에서 우리를 택하셨습니다. 그러므로 우리는 만민 가운데서 택하여 주신 주님의 놀라운 은혜에 대해서 감사하고 또 감사해야 합니다. 감사를 통하여 축복을 누리며, 감사를 통하여 더 큰 은혜 가운데로 들어가게 되는 것입니다.

2. 왕 같은 제사장

우리는 첫째로 '택함 받은 하나님의 족속'이요, 두 번째로 '왕 같은 제사장'입니다. '왕 같은 제사장'이라고 하는 것은 우리가 이 세상을 사는 동안 왕권을 가지고 악한 영을 물리치고, 승리하며 살아가야 함을 말합니다. 이제는 그리스도와 하나가 되어서 왕권을 갖고 승리하는 삶을 살아야 됩니다. 누가복음 10장 19절에서는 "너희를 해칠 자가 결코 없으리라."라고 말합니다. 예수님이 나의 주인이 되셨으므로 우리는 거룩한 왕, 치료의 왕, 축복의 왕, 영생의 왕으로 살아가게 된 것입니다.

3. 거룩한 나라

베드로전서 2장 9절에서는 우리를 '거룩한 나라'라고 표현하고 있습니다. '거룩한 나라'라고 하는 것은 '세상과 구별된 존재'를 말합니다. '거룩'이란 말은 원래 뜻이 '분리'입니다. 죄와 분리되고, 세상과 분리되고, 흑암의 세력과 분리되는 것입니다. 우리가 죄 많은 세상에 살지만, 죄와 뒤섞여 타협하며 사는 것이 아니라 악한 세상과 분리되어 살아야 합니다. 세상을 다스리고 정복하며 살아야 하는 것입니다. 우리는 거룩한 나라가 되었기 때문에 더 이상 죄의 물결에 휩쓸려 다녀서는 안 됩니다.

4. 하나님의 소유가 된 백성

마지막 네 번째로 우리는 '하나님의 소유가 된 백성'입니다. 하나님이 우리를 소유하셨습니다. 우리를 첫째로 택하시고, 우리를 왕 같은 제사장으로 만들어 주시고, 거룩한 나라로 세워 주시고, 우리를 주님이 소유하셔서 끝까지 책임져 주시는 것입니다.

소유된 백성이라는 것은 주님이 우리의 일생을 책임져 주심을 말합니다. 우리의 주인이 우리가 아니고, 하나님이 우리의 주인입니다. 온 세상이 다 주님의 것입니다. 그런데 우리가 주님의 소유가 되었으므로 주님의 은혜로 이 세상을 다스리며 살아갈 수 있게 되었습니다. 하나님께서 예수님의 보혈로 우리를 사시고 하나님의 축복 받은 자녀로 삼으셔서 우리의 신분을 변화시켜 주심을 믿고 선포해야 합니다.

 예수님을 통해 반석으로 변화된 베드로

　베드로는 예수님과 동행하며 3년간 공생애 사역을 했지만 여전히 어부의 자화상을 벗어나지 못했었습니다. 그러나 예수님이 부활하시고 그에게 다시 한 번 제자로서의 삶을 초청하시면서, 시몬이 아닌 반석이라는 뜻의 '베드로'라는 이름으로 새로운 자화상을 심어 주십니다. 그리하여 이전에 자기중심적이고 다혈질적인 삶을 버리고 철저하게 사도로서의 삶을 살아가게 됩니다. 그리고 변화된 베드로는 예수님을 전하며, 설교로 많은 사람들을 회심시킵니다. 뿐만 아니라 성령께 의지하여 앉은뱅이 된 자를 일으키고, 중풍병으로 8년 된 자를 고치는 능력을 나타냅니다.
　하지만 이전과는 달리 그는 그의 변화된 이름처럼 견고한 반석이 되어 결코 스스로를 높이지 않았습니다. 모든 능력과 권세가 예수 그리스도로 말미암았다고 명백히 밝히며, 겸손한 성품으로 사역을 감당했습니다.
　본래 자신을 드러내기 좋아하고, 다른 사람들보다 앞서기를 좋아했으며, 인정받기를 좋아했던 베드로가 이렇게까지 변화된 삶을 살게 된 이유는 무엇일까요? 바로 예수님이 심어 주신 새로운 자화상 때문이었습니다. 시몬이라는 옛사람은 그 안에서 죽고, 온전히 예수 그리스도만 살아 그의 이름처럼 반석의 삶을 살 수 있었던 것입니다.

 성경 말씀

요 1장 | ³⁵또 이튿날 요한이 자기 제자 중 두 사람과 함께 섰다가 ³⁶예수께서 거니심을 보고 말하되 보라 하나님의 어린 양이로다 ³⁷두 제자가 그의 말을 듣고 예수를 따르거늘 ³⁸예수께서 돌이켜 그 따르는 것을 보시고 물어 이르시되 무엇을 구하느냐 이르되 랍비여 어디 계시오니이까 하니 (랍비는 번역하면 선생이라) ³⁹예수께서 이르시되 와서 보라 그러므로 그들이 가서 계신 데를 보고 그 날 함께 거하니 때가 열 시쯤 되었더라 ⁴⁰요한의 말을 듣고 예수를 따르는 두 사람 중의 하나는 시몬 베드로의 형제 안드레라 ⁴¹그가 먼저 자기의 형제 시몬을 찾아 말하되 우리가 메시야를 만났다 하고 (메시야는 번역하면 그리스도라) ⁴²데리고 예수께로 오니 예수께서 보시고 이르시되 네가 요한의 아들 시몬이니 장차 게바라 하리라 하시니라 (게바는 번역하면 베드로라)

눅 5장 | ¹무리가 몰려와서 하나님의 말씀을 들을새 예수는 게네사렛 호숫가에 서서 ²호숫가에 배 두 척이 있는 것을 보시니 어부들은 배에서 나와서 그물을 씻는지라 ³예수께서 한 배에 오르시니 그 배는 시몬의 배라 육지에서 조금 떼기를 청하시고 앉으사 배에서 무리를 가르치시더니 ⁴말씀을 마치시고 시몬에게 이르시되 깊은 데로 가서 그물을 내려 고기를 잡으라 ⁵시몬이 대답하여 이르되 선생님 우리들이 밤이 새도록 수고하였으되 잡은 것이 없지마는 말씀에 의지하여 내가 그물을 내리리이다 하고 ⁶그렇게 하니 고기를 잡은 것이 심히 많아 그물이 찢어지는지라 ⁷이에 다른 배에 있는 동무들에게 손짓하여 와서 도와 달라 하니 그들이 와서 두 배에 채우매 잠기게 되었더라 ⁸시몬 베드로가 이를 보고 예수의 무릎 아래에 엎드려 이르되 주여 나를 떠나소서 나는 죄인이로소이다 하니 ⁹이

는 자기 및 자기와 함께 있는 모든 사람이 고기 잡힌 것으로 말미암아 놀라고 ¹⁰ 세베대의 아들로서 시몬의 동업자인 야고보와 요한도 놀랐음이라 예수께서 시몬에게 이르시되 무서워하지 말라 이제 후로는 네가 사람을 취하리라 하시니 ¹¹그들이 배들을 육지에 대고 모든 것을 버려 두고 예수를 따르니라

📎 예수님을 만난 베드로의 자화상은 어떻게 변하게 되었습니까?(요 1:42)

....

....

📖 베드로는 새로운 자화상을 얻기 전에 어떠한 고백을 했습니까?(눅 5:8)

....

....

📓 예수님이 베드로에게 새롭게 부여하신 사명은 무엇입니까?(눅 5:10)

....

....

우리는 새로운 사람이 되었습니다. 산 물고기가 물길을 거슬러 올라가는 것처럼 영적으로 새사람이 되어서 죄의 물길을 거슬러 올라 하나님께 영광을 돌리며 살아가야 합니다. 우리는 이미 하나님의 나라로 옮겨졌고, 우리 마음에 심령 천국이 이루어졌습니다. 우리 마음 가운데 성령님이 임하셔서 하나님이 거하시는 천국이 되었습니다. 이 사실을 믿음으로 받아들이고 선포할 때 우리는 구원에 이르는 믿음을 소유하게 되는 것입니다.

이처럼 주님이 우리를 택하시고 부르신 이유는 주님의 일을 하라고 부르신 것입니다. 우리를 택하시고, 왕 같은 제사장으로 만들어 주시고, 거룩한 나라가 되게 하시고, 소유 된 백성이 되게 하신 주님께 온전히 쓰임 받을 수 있도록 순종하며 나아가야 합니다.

Check Point

1. (   ) 족속
2. 왕 같은 (   )
3. (   ) 나라
4. 하나님의 (   ) 백성

내가 변화되는 시간

- 지금까지 당신의 삶에서 주로 자랑으로 삼았던 것이 무엇이었는지 생각해 봅시다.

....

....

- 하나님의 자녀답지 못한 행동을 할 때가 있었다면 어느 때였습니까?

....

....

- 변화된 자화상을 갖기 위해 우리가 항상 생각해야 할 것은 무엇입니까?

....

....

- 이제 새롭게 변화된 자화상을 바탕으로 당신에 대한 자기소개서를 다시 한 번 써봅시다.

....

....

Self Image

Enthusiasm

Living Vision

Faith in Jesus

Word

Amen

Rebuilding

Step 2

Enthusiasm

주를 섬기는 열정으로 오늘을 살라

"삶을 돌아보고 혹여나 그와 같은 삶을 살지 못했다면 주님의 영광을 위해 최선을 다해 자신이 가진 모든 것을 드리며, 예수님의 사랑을 전하는 삶이 되기를 주님 앞에 고백해야 합니다."

S E L F W A R

Step 2

주를 섬기는 열정으로 오늘을 살라

Enthusiasm
* 하나님께서 나에게 주신 사명을 찾아봅니다.
* 하나님께 나의 온전한 열정을 쏟고 있는지 점검해 봅니다.

Story

『데이빗 브레이너드의 생애와 일기』라는 책은 많은 분들에게 큰 감명을 주었습니다. 데이빗 브레이너드는 29세의 젊은 나이에 일찍 세상을 떠난 사람입니다. 인디안 선교를 위해 온몸을 다 바쳐서 헌신한 사람이기도 합니다. 그가 써놓은 일기는 많은 사람들의 삶을 변화시켰습니다. 미국에 대 각성 운동을 일으킨 조나단 에드워드, 감리교 창시자인 존 웨슬리, 위대한 선교사 윌리엄 캐리, 짐 엘리엇……. 이들은 데이빗 브레이너드의 일기를 읽고 큰 감동과 도전을 받은 주인공들이기도 합니다. 그런데 그 일기에서 가장 중요한 것은 주님 앞에서 분초를 아껴 가며 최선을 다하는 삶을 살았다는 것입니다. 주님 앞에서 철저하게 시간을 아껴 가며 사명을 위해 헌신한 그의 모습은 많은 사람들에게 감동을 줍니다. 그는 죽음 직전에 질병에 몹시 시달리면서 이런 글을 남겼습니다.

"10월 11일. 저녁에는 지독한 열과 오한에 시달렸다. 그런데 매우 친절한 간호를 받았다. 너무나 무가치한 나에게 이렇게 큰 사랑과 관심을 가져 주니 부끄럽기만 하다. 살고 죽는 문제를 하나님께 맡겨 버린 지금은 내 마음이 평안하다. 생사를 초월한 놀라운 만족감이다. 이제는 완전히 탈진한 상태여서 더 이상 사역을 수행하기란 불가능하다. 다만 한 가지 내 마음을 지배하고 있는 고통은 '내가 지금 시간을 낭비하고 있지 않은가?'라는 사실이다. 힘이 닿는 데까지 내가 맡은 일에 최선을 다해 헌신하지 못하고 시간을 낭비한다면 주 앞에 이 얼마나 죄송스러운 일인가."

죽음을 눈앞에 둔 마지막 순간에도 자신이 열정을 다하지 못하고, 시간을 아껴 최선을 다하지 못한다면 주님 앞에 얼마나 부끄러운 일인가를 고민했던 것입니다.

현재 당신이 가장 많은 시간을 드려 열정을 다하고 있는 것은 무엇입니까?

....

....

사람은 태어나서 단 한 번뿐인 인생을 살아갑니다. 벨기에의 어느 시인은 인생은 한 권의 책과도 같다고 했습니다. 하루하루 살아가는 삶이 책의 한 페이지 한 페이지를 기록하는 것과 같다는 것입니다. 어떤 사람은 아주 아름다운 이야기를 써가고 있는데, 어떤 사람은 악하고 추한 이야기를 써가고 있습니다.

그런데 우리가 알아야 할 것은 그 기록들은 바꾸거나 지울 수 있는 것이 아니라는 것입니다. 마찬가지로 우리의 과거 역시 바꾸거나 지울 수 없습니다. 하지만 오늘의 페이지는 우리가 마음먹은 만큼 새롭게 써나갈 수 있습니다. 하나님의 자녀가 된 이후부터는 옛 모습을 전부 내려놓고 앞으로의 삶을 새롭게 써나갈 수 있습니다. 매일의 삶에서 주를 섬기며 주님께 영광 돌리는 삶을 살아야 하는 것입니다.

> "나는 선한 싸움을 싸우고 나의 달려갈 길을 마치고 믿음을 지켰으니(디모데후서 4:7)."

1. 선한 싸움을 싸우라

예수님을 믿고 난 다음에는 선한 싸움이 시작됩니다. 하나님의 나라를 위해서, 하나님의 영광을 위해서 우리는 싸워야 하는 것입니다. 무엇보다도 내 자신과 싸워야 합니다. 나의 옛사람이 자꾸 나를 죄짓게 합니다. 잘못된 생각을 하게 합니다. 그리고 끊임없는 분노가 나를 뒤덮습니다. 결국 자기를 다스려야 세상에 나가 승리의 삶을 살아갈 수 있습니다. 먼저 자신과 싸워 이기고, 사회에 나가서 죄와 싸워 이기며, 악한 영과 싸워 이겨서, 하나님의 귀한 역사를 이뤄야 합니다. 주를 위해 선한 싸움을 했던 바울의 고백처럼 우리가 생을 마치는 날, "내가 선한 싸움을 마치고 달려갈 길을 마쳤습니다."라고 기쁨의 고백을 할 수 있어야 합니다.

2. 목표를 알고 달려가라

우리 모두 인생의 경주자들입니다. 언제 우리에게 마지막 날이 다가올지 모릅니다. 그러나 누구에게나 마지막은 다가올 것입니다. 오늘이 여러분의 마지막 날이라고 생각하고 최선의 삶을 살아가기 바랍니다.

그런데 최선의 삶을 드릴 때 중요한 것은 '우리의 목표가 무엇이냐?' 하는 것입니다. 이 세상의 것이 목표일 때는 결국에 허무함만이 남습니다. 일생을 달려 마지막 죽음 앞에 이르렀을 때 물질이 무슨 의미가 있습니까? 세상의 권세도 의미가 없습니다.

우리가 마지막 순간에 가장 기뻐하고 감사할 수 있는 것은 예수님이 함께하셨다는 사실입니다. 예수님을 위해서 우리 일생을 바치면 절대로 헛되지 않습니다. 그것이 가장 의미 있고 보람된 것입니다. 주님을 위해 일하고, 주님을 위해 나아가 모든 일에 적극적으로 최선을 다함으로써 하나님의 큰 역사를 이뤄야 합니다.

3. 귀한 것을 주님께 드려라

우리는 가진 모든 것을 주님께 바쳐야 합니다. 자신의 가장 귀한 향유 옥합을 깨뜨려 예수님께 바친 마리아처럼 삶의 가장 귀한 것, 또 모든 것을 주님께 바쳐야 합니다. 내 삶 전체가 주님께 드려지는 거룩한 산제사가 돼야 합니다. 이러한 고백이 주님께 드려지기를 바랍니다. 마리아가 향유를 예수님의 발에 부었다는 것은 최고의 존경을 표현한 것입니다. 그리고 머리카락으로 발을 씻었다는 것은 가장 겸손한 모습으로 주님을 섬겼음을 말합니다. 우리 역시 존귀와 겸손으로 주님을 섬기는 주님의 귀한 자녀가 돼야 합니다.

4. 예수 그리스도의 사랑을 전하라

궁극적으로 우리는 예수 그리스도의 사랑이 온 천하에 남겨지는 삶을 살아야 합니다. 우리가 예수님을 뜨겁게 사랑하면 주님께서 우리의 일생을 책임져 주십니다. 하지만 많은 사람들이 스스로에게 너무 많은 관심과 애정을 쏟고 있습니다. 자신의 체면, 자신의 외모, 자신의 지위에 너무 신경을 쓰고 있기에 내 안에 계신 예수님이 나타날 수가 없습니다. 이제 자신에게 집중하며 연연해 하지 말고, 당신 안에 있는 예수님이 드러날 수 있도록 스스로를 깨뜨려야 합니다. 바로 그때 예수 그리스도의 사랑이 그분의 뜻대로 온 세상에 전해지게 될 것입니다.

 열정을 다해 복음을 전하는 바울

바울은 본래 성품이 매우 열정적인 사람이었습니다. 예수님을 전하는 데 열심을 다하기도 했지만, 예수님을 전하는 제자들을 핍박할 때도 누구보다 열심이었습니다. 이러한 예를 볼 때 사람이 열정을 다하는 삶을 사는 것보다 무엇을 목표로 하고 있느냐가 매우 중요하다는 것을 알 수 있습니다. 그러므로 자신의 열정이 헛된 데 쓰이고 있는 것은 아닌지 항상 점검해 봐야 합니다.

그러나 아무리 목표가 바로 서있다 하더라도 열정과 노력 없는 삶은 하나님조차도 쓰실 수가 없습니다. 예수님은 열정이 없고 믿음이 좋은 사람 앞에 나타나 열정을 부어 주신 것이 아닙니다. 열정이 있되 자신을 믿지 않던 바울에게 나타나 자신을 믿게 만드셨습니다.

우리는 바울의 열정적인 삶을 그의 수많은 편지들을 통해 알 수 있습니다. 그의 서신들은 그가 어느 곳에 있든지 사역하는 사람이었다는 것을 알게 해줍니다. 장소가 멀리 떨어져 있어도 복음 전하기를 힘썼으며, 심지어 감옥에서도 예수님을 바로 전하기 위해 노력하였습니다.

그런 열정이 있었기에 하나님이 그를 통해 영광을 받으셨습니다. 그가 자신의 생명조차 귀히 여기지 않고 사명을 향해 달리는 열정이 있었기에 하나님 역시 그를 통해 수많은 성령의 능력을 나타내 보이신 것입니다.

 성경 말씀

딤후 3장 | 10 나의 교훈과 행실과 의향과 믿음과 오래 참음과 사랑과 인내와 11 박해를 받음과 고난과 또한 안디옥과 이고니온과 루스드라에서 당한 일과 어떠한 박해를 받은 것을 네가 과연 보고 알았거니와 주께서 이 모든 것 가운데서 나를 건지셨느니라 12 무릇 그리스도 예수 안에서 경건하게 살고자 하는 자는 박해를 받으리라 13 악한 사람들과 속이는 자들은 더욱 악하여져서 속이기도 하고 속기도 하나니 14 그러나 너는 배우고 확신한 일에 거하라 너는 네가 누구에게서 배운 것을 알며 15 또 어려서부터 성경을 알았나니 성경은 능히 너로 하여금 그리스도 예수 안에 있는 믿음으로 말미암아 구원에 이르는 지혜가 있게 하느니라 16 모든 성경은 하나님의 감동으로 된 것으로 교훈과 책망과 바르게 함과 의로 교육하기에 유익하니 17 이는 하나님의 사람으로 온전하게 하며 모든 선한 일을 행할 능력을 갖추게 하려 함이라

딤후 4장 | 1 하나님 앞과 살아 있는 자와 죽은 자를 심판하실 그리스도 예수 앞에서 그가 나타나실 것과 그의 나라를 두고 엄히 명하노니 2 너는 말씀을 전파하라 때를 얻든지 못 얻든지 항상 힘쓰라 범사에 오래 참음과 가르침으로 경책하며 경계하며 권하라 3 때가 이르리니 사람이 바른 교훈을 받지 아니하며 귀가 가려워서 자기의 사욕을 따를 스승을 많이 두고 4 또 그 귀를 진리에서 돌이켜 허탄한 이야기를 따르리라 5 그러나 너는 모든 일에 신중하여 고난을 받으며 전도자의 일을 하며 네 직무를 다하라 6 전제와 같이 내가 벌써 부어지고 나의 떠날 시각이 가까웠도다 7 나는 선한 싸움을 싸우고 나의 달려갈 길을 마치고 믿음을 지켰으니 8 이제 후로는 나를 위하여 의의 면류관이 예비되었으므로 주 곧

의로우신 재판장이 그 날에 내게 주실 것이며 내게만 아니라 주의 나타나심을 사모하는 모든 자에게도니라

📓 열정을 다해 주님을 섬겼던 바울의 삶은 어떠했습니까?(딤후 3:11~12)

....

....

📕 바울이 열정적인 삶을 살았다는 것을 우리는 무엇을 통해 알 수 있습니까?

....

....

📘 바울은 죽음을 목전에 두고서도 디모데에게 최후의 순간까지 무엇을 권고하고 있습니까?(딤후 4:1~8)

....

....

매일 스스로를 돌아보기 바랍니다. 과연 내가 하나님의 영광을 위해서 살았는가? 내가 선한 싸움을 싸웠는가? 달려갈 길을 마쳤는가? 주님께 최선의 것을 바쳤는가? 과연 내가 주님 앞에 설 때에 "잘하였도다 착하고 충성된 종아."라는 칭찬을 받을 수 있는 삶을 살았는가?

삶을 돌아보고 혹여나 그와 같은 삶을 살지 못했다면 주님의 영광을 위해 최선을 다해 자신이 가진 모든 것을 드리며, 예수님의 사랑을 전하는 삶이 되기를 주님 앞에 고백해야 합니다. 그러한 결심과 고백이 주님 앞에 드려질 때 우리 삶이 변화하는 역사가 나타날 것입니다.

Check Point

1. (   )을 싸우라
2. (   ) 알고 달려가라
3. (   ) 주님께 드려라
4. 예수 그리스도의 (   ) 전하라

내가 변화되는 시간

신앙생활, 인간관계, 일, 공부 등 각각의 분야를 대할 때 나의 태도가 어느 정도 열정적인지 점검해 봅시다.

....

....

하루 중에서 근심하고 염려하는 시간이 얼마나 되는지 생각해 봅시다.

....

....

당신의 열정적인 삶을 가로 막는 것이 있다면 무엇입니까?

....

....

앞으로 무엇을 위해 열정적인 삶을 살 것인지 구체적으로 적어 봅시다.

....

....

- **S**elf Image
- **E**nthusiasm
- **L**iving Vision
- **F**aith in Jesus
- **W**ord
- **A**men
- **R**ebuilding

Step 3

Living Vision

마음하늘에 하나님의 꿈을 그려라

" 하나님의 성령은 지금도 예수님의 십자가를 통하여 당신에게 하나님의 영롱한 꿈을 심어 주기 원하십니다. 이 꿈을 통하여 당신을 변화시키고, 당신의 생애 속에 하나님의 뜻이 이루어지도록 역사하고자 하십니다."

S E L F W A R

Step 3

마음하늘에 하나님의 꿈을 그려라

Living Vision

* 하나님이 나에게 주시는 꿈을 구체적으로 그려 봅니다.
* 꿈을 이루기 위해 어떠한 과정이 필요한지 살펴봅니다.

Story 2010년 밴쿠버 동계 올림픽에서 언론의 주목을 한 몸에 받았던 선수가 있습니다. 그는 스피드 스케이팅 10,000m 와 5,000m에서 금메달과 은메달을 획득한 이승훈 선수입니다. 이 선수가 많은 사람들의 주목을 받은 것은 단순히, 금메달과 은메달을 목에 걸었기 때문이 아닙니다. 그가 그 자리에 오르기까지의 과정이 많은 사람들의 마음에 도전과 감동이 되었기 때문입니다. 이승훈 선수는 본래 각종 쇼트트랙 대회에서 1위를 놓치지 않는 유망주였습니다.

그런데 어이없게도 쇼트트랙 국가대표 선발전에서 실수로 탈락하게 되었습니다. 평생 쇼트트랙만 해온 그였고, 동계 올림픽만 꿈꾸며 살았던 그였습니다. 국가대표에서 탈락한 상실감이 너무 커 3개월 동안은 운동을 아예 하지 않았다고 합니다.

하지만 그는 종목을 스피드 스케이팅으로 바꾸어 올림픽에 재도전하게 되었습니다. 종목을 바꾼 뒤 7개월 만에 올림픽에 출전하게 된 그는 누구도 기대하지 못한 금메달과 은메달을 목에 걸게 됩니다.

그의 금메달이 더욱 빛난 이유는 그가 실패를 딛고 일어섰기 때문입니다. 그는 운동을 쉬면서도 자신의 꿈을 포기하지 않고 새로운 종목을 통해서 다시 한 번 꿈을 꾸며 국가대표 선발전에 도전했고, 결국에는 금메달을 목에 건 것입니다.

처음 해보는 종목이었기에 연습할 때에 앞에 있던 동료를 목표 삼아서 연습을 했고, 올림픽에 나가서는 세계 최고의 외국 선수를 목표로 삼고 도전했습니다. 자신은 항상 '목표를 향하여 꿈을 꾸고 도전하는 사람'이라는 그의 말처럼 마음속에 품은 꿈이 그를 올림픽의 주인공으로 만들었습니다.

어린 시절 당신이 품었던 꿈은 무엇입니까? 그 꿈을 품게 된 계기는 무엇입니까?

이 세상에서 가장 행복한 사람은 예수님을 믿는 사람입니다. 예수님을 믿는 것보다 더 큰 행복이 없습니다. 우리 삶의 유일한 만족은 오직 예수님밖에 없습니다. 그런데 예수님을 믿고 행복한 자가 되었다면 그 다음이 중요합니다. 하나님께 인정받는 사람, 하나님께 쓰임 받는 사람이 되어야 합니다. 성경 말씀을 살펴보면 하나님은 언제나 믿음의 사람, 꿈의 사람과 함께 일하신다는 것을 알 수 있습니다. 그러므로 우리는 날마다 이러한 고백을 올려 드려야 합니다. "하나님 아버지, 제가 날마다 거룩한 꿈을 꾸며 믿음의 전진을 해나가기 원합니다.", "하나님 아버지, 제가 하나님 앞에 믿음의 사람으로 쓰임 받기 원합니다." 하나님은 언제나 믿음의 사람과 동행하시며 하나님의 놀라운 일을 이루고 계십니다. 오늘도 하나님은 믿음의 사람을 찾고 계십니다.

> "그들이 평온함으로 말미암아 기뻐하는 중에 여호와께서 그들이 바라는 항구로 인도하시는도다(시편 107:30)."

1. 꿈이 있는 자를 사용하시는 하나님

하나님은 한 사람에게 복을 주실 때 그 마음속에 꿈을 심어 주십니다. 그 꿈을 붙잡고 있으면 수없이 난관이 다가오고 고통이 다가와도 그 꿈이 그 사람을 이끌어 가고, 하나님의 뜻이 이뤄지도록 역사하는 것입니다.

반대로 꿈을 저버리면 내일이 없습니다. 그러므로 가장 어렵고 고통스러운 역경을 겪을 때일수록 마음속에 꿈을 버리면 안 됩니다. 당신의 가슴속에 품은 꿈은 결코 허망한 것이 아닙니다. 더욱이 기도하며 하나님이 주시는 꿈을 받아 마음속에 품으면 아무리 어려운 역경이 다가와도 그 꿈은 반드시 이뤄집니다. 내 꿈이 아니라 전능하신 하나님의 꿈이기 때문입니다.

2. 하나님의 손을 움직이게 만드는 꿈

하나님은 쓰실 자에게 꿈을 심어 주시는 것처럼 꿈이 있는 사람을 사용하십니다. 잠언 29장 18절에 "꿈이 없는 백성은 망한다."라고 기록되어 있습니다. 우리 마음속에 꿈을 가지는 것과 꿈을 가지지 않는 것은 천양지차가 있습니다. 하나님은 꿈이 없는 개인이나 꿈이 없는 백성은 버린다고 하셨습니다.

꿈을 잃어버리고 방자하게 행하고 될 대로 되라는 식으로 산다면 하나님도 그를 도울 수가 없습니다. 반면 눈에는 아무것도 안 보이고, 귀에는 아무 소리 안 들리고, 손에는 잡히는 것이 없을지라도 꿈을 품고 있으면 그 꿈이 하나님의 손길을 움직입니다. 하나님은 우리의 마음속에 있는 꿈을 통하여 기사와 이적을 행하시는 것입니다.

3. 십자가를 통해 받아들이는 꿈

그렇다면 우리는 어디에서 꿈을 얻을 수 있습니까? 또 우리는 무슨 꿈을 마음속에 받아들여야 합니까? 십자가에 못 박히신 예수님은 하나님의 꿈이요, 우리들의 꿈인 것입니다. 성령께서는 십자가의 꿈을 우리의 마음속에 심기 원하셨습니다. 하나님이 예수 그리스도를 이 땅에 보내어 십자가에 못 박아 피를 흘리게 하셨을 때에는 예수 그리스도를 통해서 우리 인류를 구원하는 꿈을 가지고 계셨습니다. 이것이 하나님의 꿈입니다. 예수 그리스도야말로 하나님의 꿈인 것입니다. 그러므로 하나님의 꿈인 예수 그리스도의 십자가를 통해 꿈을 꿔야 합니다. 그것이 당신을 향한 주님의 계획입니다.

4. 매일 꾸는 거룩한 꿈

인간은 꿈을 먹고 살아갑니다. 꿈 없이 살아가는 사람처럼 불행한 사람이 없습니다. 꿈이 없는 인생은 허무합니다. 그냥 어느 날 태어나서 어느 날 죽었다는 기록만 남게 될 것입니다. 그러나 꿈꾸는 사람들은 세상의 역사를 바꿉니다. 이제 모두가 거룩한 꿈을 꿔야 합니다. 역사 가운데 무언가 아름다운 흔적을 남겨 놓으시길 바랍니다.

매일 하나님께 쓰임 받을 거룩한 꿈을 꾸어야 합니다. 가정에 대해, 자녀들에 대해 거룩한 꿈을 품어야 합니다. 또한 사업에 대해서, 직장에 대해서, 학업에 대해서 거룩한 꿈을 꿔야 합니다. 거룩한 꿈을 꾸고 믿음으로 나갈 때 하나님이 하나님의 때에 그 거룩한 꿈이 이루어지게 만들어 주십니다.

 꿈꾸며 준비된 총리 요셉

많은 사람들이 요셉이 총리가 되었으므로 하나님의 꿈을 이루었다고 이야기합니다. 하지만 요셉이 총리가 된 것은 하나님의 꿈이 이루어진 결말이 아니라 시작입니다. 하나님은 애굽의 7년 풍년, 7년 흉년을 대비하여 요셉을 쓰기로 계획하셨습니다. 그리고 요셉이라는 사람을 통해 그 14년을 하나님의 계획대로 보내게 하셨습니다.

그 과정에서 하나님은 요셉이 자신이 주는 꿈대로 실천하고 순종할 자인지 시험하시기 위해 노예 생활, 감옥 생활을 인내하게 하셨습니다. 그는 인내하는 동안 자신의 처지를 한탄하기보다 자신에게 맡겨진 일이 아무리 작고 힘들더라도 최선을 다하며 고난의 터널을 통과했습니다. 그렇게 요셉은 하나님이 세우신 지도자로서 세워져 그때부터 하나님의 꿈을 현실화하는 주인공이 됩니다.

어떠한 상황에서도 꿈을 저버리지 않을 때 하나님이 우릴 통해서 그분의 계획을 드러내십니다. 요셉 역시 이스라엘 민족을 향한 하나님의 원대한 계획 속에 포함된 한 사람일 뿐이었습니다. 하지만 그 수많은 사람들 중에서도 요셉이 꿈을 지니고 있었기에 하나님으로부터 크게 쓰임 받을 수 있었습니다. 날마다 꿈꾸는 사람은 결코 상황 때문에 흔들리거나 좌절하지 않습니다. 당신을 향한 하나님의 꿈이 온전히 이뤄질 수 있도록 매일 하나님의 꿈을 깨닫고, 받아들이고, 믿고, 선포하기 바랍니다.

 성경 말씀

창 39장 | [19]그의 주인이 자기 아내가 자기에게 이르기를 당신의 종이 내게 이같이 행하였다 하는 말을 듣고 심히 노한지라 [20]이에 요셉의 주인이 그를 잡아 옥에 가두니 그 옥은 왕의 죄수를 가두는 곳이었더라 요셉이 옥에 갇혔으나 [21]여호와께서 요셉과 함께 하시고 그에게 인자를 더하사 간수장에게 은혜를 받게 하시매 [22]간수장이 옥중 죄수를 다 요셉의 손에 맡기므로 그 제반 사무를 요셉이 처리하고 [23]간수장은 그의 손에 맡긴 것을 무엇이든지 살펴보지 아니하였으니 이는 여호와께서 요셉과 함께 하심이라 여호와께서 그를 범사에 형통하게 하셨더라

창 41장 | [37]바로와 그의 모든 신하가 이 일을 좋게 여긴지라 [38]바로가 그의 신하들에게 이르되 이와 같이 하나님의 영에 감동된 사람을 우리가 어찌 찾을 수 있으리요 하고 [39]요셉에게 이르되 하나님이 이 모든 것을 네게 보이셨으니 너와 같이 명철하고 지혜 있는 자가 없도다 [40]너는 내 집을 다스리라 내 백성이 다 네 명령에 복종하리니 내가 너보다 높은 것은 내 왕좌뿐이니라 [41]바로가 또 요셉에게 이르되 내가 너를 애굽 온 땅의 총리가 되게 하노라 하고 [42]자기의 인장 반지를 빼어 요셉의 손에 끼우고 그에게 세마포 옷을 입히고 금 사슬을 목에 걸고 [43]자기에게 있는 버금 수레에 그를 태우매 무리가 그의 앞에서 소리 지르기를 엎드리라 하더라 바로가 그에게 애굽 전국을 총리로 다스리게 하였더라 [44]바로가 요셉에게 이르되 나는 바로라 애굽 온 땅에서 네 허락이 없이는 수족을 놀릴 자가 없으리라 하고 [45]그가 요셉의 이름을 사브낫바네아라 하고 또 온의 제사장 보디베라의 딸 아스낫을 그에게 주어 아내로 삼게 하니라 요셉이 나

가 애굽 온 땅을 순찰하니라 ⁴⁶요셉이 애굽 왕 바로 앞에 설 때에 삼십 세라 그가 바로 앞을 떠나 애굽 온 땅을 순찰하니 ⁴⁷일곱 해 풍년에 토지 소출이 심히 많은지라 ⁴⁸요셉이 애굽 땅에 있는 그 칠 년 곡물을 거두어 각 성에 저장하되 각 성읍 주위의 밭의 곡물을 그 성읍 중에 쌓아 두매 ⁴⁹쌓아 둔 곡식이 바다 모래 같이 심히 많아 세기를 그쳤으니 그 수가 한이 없음이었더라 ⁵³애굽 땅에 일곱 해 풍년이 그치고 ⁵⁴요셉의 말과 같이 일곱 해 흉년이 들기 시작하매 각국에는 기근이 있으나 애굽 온 땅에는 먹을 것이 있더니

📓 감옥에 갇히는 어려운 상황에서 요셉이 형통할 수 있었던 이유는 무엇입니까?(창 39:23)

··

··

📖 꿈을 품은 요셉의 삶은 어떻게 변화되었습니까?(창 41:41~44)

··

··

📓 요셉을 통해 애굽 땅은 어떠한 축복을 누리게 되었습니까?(창 41:54)

··

··

아무리 나이가 많아도 거룩한 꿈을 꾸면 희망의 날개를 펴고 날아 올라갑니다. 태산 같은 어려움을 뛰어넘는 것입니다. 꿈꾸는 것에는 돈이 들지 않습니다. 어떠한 노력이 필요한 것도 아닙니다. 마음의 자세만 바꾸면 됩니다. 마음이 바뀌면 거룩한 꿈이 나를 점령해서 나와 환경을 변화시킵니다.

성령님은 지금도 예수님의 십자가를 통하여 당신에게 하나님의 영롱한 꿈을 심어 주기 원하십니다. 이 꿈을 통하여 당신을 변화시키고, 당신의 생애 속에 하나님의 뜻이 이루어지도록 역사하고자 하십니다. 그러므로 아무리 우리 환경이 어둡고, 캄캄하고, 칠흑 같을지라도 십자가를 바라보고, 하나님이 당신을 향해 품으신 꿈을 그리스도를 통해서 믿음으로 받아들이기 바랍니다.

Check Point

1. (   ) 있는 자를 사용하시는 하나님
2. 하나님의 (   ) 움직이게 만드는 꿈
3. (   ) 통해 받아들이는 꿈
4. 매일 꾸는 (   ) 꿈

내가 변화되는 시간

- 당신이 꾸는 꿈 중에서 어떤 것이 하나님이 디자인해 주신 것이고, 어떤 것이 자신의 생각으로 디자인한 것인지 적어 봅시다.

....

....

- 지금까지 꿈을 성취하는 과정에서 고난이 다가올 때 어떻게 대처했는지 적어 봅시다.

....

....

- 오늘 배운 내용 중에 당신이 꿈을 품는 데 있어 적용할 것이 있다면 무엇인지 적어 봅시다.

....

....

- 하나님이 당신에게 말씀하시는 꿈이 무엇인지 적어 봅시다.

....

....

Self Image

Enthusiasm

Living Vision

Faith in Jesus

Word

Amen

Rebuilding

:::: S t e p 4 ::::

Faith in Jesus

모든 상황 속에서 절대 긍정의 믿음을 길러내라

" 우리 삶에 어려움이 다가온다고 어려움을 바라보면서 낙심하고 주저앉아 있으면 안 됩니다. 그때 주님을 바라보아야 합니다. 주님 안에서 어려움 속에서도 감사하는 법을 배우고, 어두운 환경에 처해서도 스스로 만족하는 법을 배우시기 바랍니다. "

S E L F W A R

Step 4

모든 상황 속에서 절대 긍정의 믿음을 길러내라

Faith in Jesus

* 절대 긍정의 믿음이 어떻게 길러지는지 알아봅니다.
* 절대 긍정의 믿음은 어떠한 영향력을 가졌는지 살펴봅니다.

Story 닉 부이치치는 태어날 때부터 두 팔과 두 다리가 없었습니다. 머리와 몸통 전체가 20cm 정도이며 왼쪽 발 그리고 발가락 두 개가 전부입니다. 이러한 몸으로 태어났다면 절망할 수밖에 없고, 좌절할 수밖에 없고, 인생을 포기할 수밖에 없는 것이 현실입니다. 하지만 그는 예수님 안에서 희망을 발견했습니다.

그래서 그는 자신의 간증을 나누며 행복 전도사로 활동하고 있습니다. 미국을 주 활동무대로 삼고 아프리카, 아시아, 유럽 등 세계 각지를 다니며 눈부신 활동을 하고 있습니다. 그의 강연을 들은 모든 사람들이 자신의 삶이 더욱 행복해졌다고 고백합니다. 어떻게 이러한 일이 가능했을까요? 그는 사람들에게 이렇게 외칩니다.

"넘어졌을 때는 다시 일어나면 됩니다. 넘어진 것이 끝이 아니고 일어나는 것이 끝입니다."

실제로 그는 그러한 삶을 실천하고 있습니다. 그에게는 두 팔과 두 다리가 없기 때문에 아마 집에서 가만히 누워만 있어야 할 거라고 생각하는 사람도 있을 것입니다. 하지만 그는 수백 번 넘어져도 수백 번 다시 도전해서 지금은 스스로 일어났다 앉는 것은 물론이고, 놀라운 컴퓨터 실력을 자랑합니다. 또 보통 사람도 하기 힘든 스키보드, 축구, 골프, 수영, 심지어는 드럼 연주와 뛰어난 댄스 실력까지 갖췄습니다. 그의 살아가는 모습 자체가 다른 사람들을 웃게 만들기에 충분한 것입니다.

긍정적인 사고와 적극적인 도전으로 장애를 넘어선 닉 부이치치의 삶은 우리 인생이 분명 하나님이 주신 선물이라는 확신을 갖게 해줍니다.

▸ 하나님을 향한 믿음이 흔들릴 만큼 절망에 처한 순간이 있었다면 언제, 무엇 때문입니까?

....

....

크리스천의 인생은 믿음의 인생입니다. 예수님을 믿음으로 우리의 신앙생활이 시작되고, 예수님을 믿는 믿음 안에서 우리의 신앙이 자라나게 됩니다. 나아가 그 믿음을 가지고 천국으로 가게 되는 것입니다. 그래서 우리의 인생은 믿음의 인생이라고 할 수 있습니다. 예수님을 믿고 난 다음에는 더 큰 믿음으로 살아가야 합니다. 믿음의 사람이 될 때 하나님이 복에 복을 더해 주십니다. 믿음으로 사는 것과 믿음으로 살지 않는 것은 큰 차이가 있습니다. 똑같이 신앙생활을 해도 믿음으로 사는 사람은 날마다 믿음이 자라납니다. 하지만 그저 교회만 왔다 갔다 하는 믿음이 없는 사람은 오래 교회를 다녀도 항상 삶의 가벼운 문제조차 해결하지 못한 채 제자리걸음만 하게 되는 것입니다. 그러므로 우리는 이렇게 고백해야 합니다. "주님, 제가 큰 믿음의 사람으로 살게 하여 주시옵소서."

> "믿음의 주요 또 온전하게 하시는 이인 예수를 바라보자 그는 그 앞에 있는 기쁨을 위하여 십자가를 참으사 부끄러움을 개의치 아니하시더니 하나님 보좌 우편에 앉으셨느니라(히브리서 12:2)."

1. 절대 긍정의 믿음

예수님을 믿는 주님의 백성들은 예수님 안에서 늘 기쁨과 감사가 넘쳐 나야 합니다. 그것이 우리를 축복의 삶으로, 승리의 삶으로, 기적의 삶으로 인도합니다. 마음이 아무것도 아닌 것에 자꾸 낙심하고 상처 받고, 마음이 소심해서 항상 매사가 불안하고 염려가 앞서면 안 됩니다. 예수님을 믿는다면 같은 상황이라도 다른 태도로 살아야 합니다. 주님 안에서 항상 기뻐해야 하는 것입니다. 감사해야 합니다. 늘 절대 긍정의 믿음을 갖고 살아야 합니다. 그때 하나님이 영광 받으시며 그분의 은혜를 우리에게 내려 주십니다.

2. 능력을 의지하는 믿음

사도 바울의 일생에는 그야말로 말할 수 없는 고난과 어려움이 함께했습니다. 예수님을 만난 이후 주의 복음을 전하기 위해 그가 온 소아시아와 유럽을 다닐 때에도 극심한 박해가 뒤따랐습니다. 그러나 성경 어디를 보아도 사도 바울이 낙심하여 탄식하고 원망, 불평했다는 기록이 없습니다. 오히려 감옥에 들어가서도 주님께 감사하고, 주님 앞에 찬양하는 기록이 나옵니다.

현실적으로 볼 때 우리의 삶은 항상 문제와 어려움이 뒤따릅니다. 그럼에도 불구하고 예수님 안에 있기 때문에 모든 것을 넉넉히 잘 감당하고 승리할 수 있었다고 고백하는 태도가 필요합니다.

3. 자족하는 믿음

먹을 것이 없어 굶주리는 환경 속에서도 스스로 자족하며, 모든 환경에 만족하는 비결을 깨닫고 실천하는 사람에게 하나님은 복을 주십니다. 성경은 디모데전서 6장 6~8절에서 "그러나 자족하는 마음이 있으면 경건은 큰 이익이 되느니라 우리가 세상에 아무 것도 가지고 온 것이 없으매 또한 아무 것도 가지고 가지 못하리니 우리가 먹을 것과 입을 것이 있은즉 족한 줄로 알 것이니라."라고 전하고 있습니다. 자족하는 마음을 가지며 스스로 만족하기만 하면 이미 모든 것을 얻은 것이나 다름이 없습니다. 그러니 불평할 것이 없으며, 매사에 기쁘고 긍정적으로 반응할 수 있는 것입니다.

4. 어떠한 환경에도 적응하는 믿음

우리가 어디 있든지 간에 삶을 대하는 태도에 따라서 환경이 달라집니다. 불평하면 그것은 절망의 감옥이 되고, 기뻐하고 감사하면 축복의 자리로 바뀌는 것입니다. 진정한 하나님의 사람은 어떠한 환경에 처했어도 감사할 줄 알아야 합니다. 합력하여 선을 이루어 주시는 하나님을 믿는 믿음이 있기 때문입니다. 모든 상황 속에서 하나님을 의지하면 하나님이 영광 받으십니다.

환경은 시도 때도 없이 변합니다. 우리가 가진 재능이나 물질은 있다가도 없는 것이 될 수 있습니다. 하지만 하나님은 언제나 동일하며 무궁하십니다. 그러한 하나님을 바라볼 때 어떠한 환경에서도 변하지 않는 믿음을 고백할 수 있습니다.

하나님의 시각으로 상황을 해석할 줄 아는 여호수아

여호수아가 모세의 후계자로 세워져 이스라엘 민족을 가나안 땅으로 인도하는 지도자가 될 수 있게 만든 결정적인 자질은 '긍정적으로 해석하는 능력'이었습니다.

여호수아는 현상을 있는 그대로 보는 것이 아니라 하나님의 시각으로 해석할 줄 아는 능력이 있었습니다. 가나안 땅을 정탐하고 온 후에 10명의 정탐꾼은 부정적인 보고를 했습니다. 하지만 여호수아는 그들의 그런 말을 듣고는 옷을 찢으며 이스라엘 민족들을 설득했습니다. "우리가 두루 다니며 정탐한 땅은 심히 아름다운 땅이라 여호와께서 우리를 기뻐하시면 우리를 그 땅으로 인도하여 들이시고 그 땅을 우리에게 주시리라 이는 과연 젖과 꿀이 흐르는 땅이니라(민수기 14:7, 8)."

그의 이러한 절대 긍정의 믿음은 광야 생활 40년을 버티게 하는 힘이 되어 주었습니다. 갈렙을 제외한 자신의 모든 동료들, 가족들이 광야에서 세상을 떠났습니다. 심지어 자신을 이끌어 준 모세 역시 가나안 땅에 들어가지 못하고 죽었습니다. 인간적으로 보면 불안하고 두려운 상황입니다. 하지만 여호수아는 담대히 이스라엘 민족을 이끌고 가나안 땅을 정복하러 들어갔습니다. 이러한 그의 믿음이 있었기에 모세에게 나타났던 물을 가르는 기적이 여호수아를 통해서도 나타날 수 있었습니다. 하나님이 함께하시면 아무것도 문제 될 것이 없다는 그의 믿음이 요단강의 물을 멈추게 하는 기적을 일으킨 것입니다.

 성경 말씀

민 13장 | ²⁵사십 일 동안 땅을 정탐하기를 마치고 돌아와 ²⁶바란 광야 가데스에 이르러 모세와 아론과 이스라엘 자손의 온 회중에게 나아와 그들에게 보고하고 그 땅의 과일을 보이고 ²⁷모세에게 말하여 이르되 당신이 우리를 보낸 땅에 간즉 과연 그 땅에 젖과 꿀이 흐르는데 이것은 그 땅의 과일이니이다 ²⁸그러나 그 땅 거주민은 강하고 성읍은 견고하고 심히 클 뿐 아니라 거기서 아낙 자손을 보았으며 ²⁹아말렉인은 남방 땅에 거주하고 헷인과 여부스인과 아모리인은 산지에 거주하고 가나안인은 해변과 요단 가에 거주하더이다 ³⁰갈렙이 모세 앞에서 백성을 조용하게 하고 이르되 우리가 곧 올라가서 그 땅을 취하자 능히 이기리라 하나 ³¹그와 함께 올라갔던 사람들은 이르되 우리는 능히 올라가서 그 백성을 치지 못하리라 그들은 우리보다 강하니라 하고 ³²이스라엘 자손 앞에서 그 정탐한 땅을 악평하여 이르되 우리가 두루 다니며 정탐한 땅은 그 거주민을 삼키는 땅이요 거기서 본 모든 백성은 신장이 장대한 자들이며 ³³거기서 네피림 후손인 아낙 자손의 거인들을 보았나니 우리는 스스로 보기에도 메뚜기 같으니 그들이 보기에도 그와 같았을 것이니라

민 14장 | ⁵모세와 아론이 이스라엘 자손의 온 회중 앞에서 엎드린지라 ⁶그 땅을 정탐한 자 중 눈의 아들 여호수아와 여분네의 아들 갈렙이 자기들의 옷을 찢고 ⁷이스라엘 자손의 온 회중에게 말하여 이르되 우리가 두루 다니며 정탐한 땅은 심히 아름다운 땅이라 ⁸여호와께서 우리를 기뻐하시면 우리를 그 땅으로 인도하여 들이시고 그 땅을 우리에게 주시리라 이는 과연 젖과 꿀이 흐르는 땅이니라 ⁹다만 여호와를 거역하지는 말라 또 그 땅 백성을 두려워하지 말라 그

들은 우리의 먹이라 그들의 보호자는 그들에게서 떠났고 여호와는 우리와 함께 하시느니라 그들을 두려워하지 말라 하나 ¹⁰온 회중이 그들을 돌로 치려 하는데 그 때에 여호와의 영광이 회막에서 이스라엘 모든 자손에게 나타나시니라

📖 가나안 땅의 실제 상황은 어떠했습니까?(민 13:27~29)

....

....

📘 여호수아는 가나안 땅을 정탐한 후에 어떤 보고를 올렸습니까?(민 14:7~9)

....

....

📓 여호수아의 보고는 다른 정탐꾼의 보고와는 달랐습니다. 무엇 때문이었습니까?

....

....

우리 스스로는 그 어떤 문제도 해결할 수 없습니다. 당한 고난이 너무 커서 어디에 말도 못하고, 밤잠 이루지 못하며 눈물을 흘릴 수밖에 없는 그런 환경에 처할 때가 있습니다. 그러나 우리는 할 수 없고 내 힘으로는 부족해도 주 안에서는 가능합니다. 주님의 능력으로, 주님의 도우심으로 우리는 넉넉히 이기게 되는 것입니다.

우리 삶에 어려움이 다가온다고 어려움을 바라보면서 낙심하고 주저앉아 있으면 안 됩니다. 그때 주님을 바라보아야 합니다. 주님 안에서 어려움 속에서도 감사하는 법을 배우고, 어두운 환경에 처해서도 스스로 만족하는 법을 배우시기 바랍니다.

Check Point

1. (   )의 믿음
2. 능력을 (   )하는 믿음
3. (   )하는 믿음
4. 어떠한 환경에도 (   )하는 믿음

내가 변화되는 시간

순간적으로 힘든 상황이 닥쳤을 때 당신이 가장 많이 의지하는 것은 무엇입니까?

....

....

긍정적인 믿음을 유지하기 위해 스스로 하고 있는 신앙 훈련이 있다면 무엇입니까?

....

....

우리가 절대 긍정의 믿음을 소유할 수 있는 근거는 무엇입니까?

....

....

절대 긍정의 믿음을 구체적으로 어느 때에 활용할 것인지 적어 봅시다.

....

....

Step 4. 모든 상황 속에서 절대 긍정의 믿음을 길러내라

- **S**elf Image
- **E**nthusiasm
- **L**iving Vision
- **F**aith in Jesus
- **W**ord
- **A**men
- **R**ebuilding

Step 5

Word

믿음으로 꿈과 비전을 선포하라

> "어려움 속에서도 주님 안에서 감사하는 법을 배우고 희망을 선포하는 믿음을 키워 나가야 합니다. 우리 입술의 고백을 통해 하나님이 일하십니다. 우리가 희망의 믿음, 비전의 믿음, 문제 해결의 믿음을 선포할 때 하나님이 그 말을 통해 역사하신다는 것을 반드시 기억해야 합니다."

S E L F W A R

Step 5
믿음으로 꿈과 비전을 선포하라

Word
* 믿음으로 꿈과 비전을 선포하는 구체적인 방법을 배워 봅니다.
* 선포에는 어떠한 힘이 있는지 알아봅니다.

Story
성경 주해가로 잘 알려진 매튜 헨리 목사님은 성경에 대한 뛰어난 풀이 능력뿐 아니라 감사하는 삶으로도 유명합니다. 어느 날 헨리 목사님이 복음을 전하러 가다가 강도를 만났습니다. 강도를 만나 모든 것을 다 빼앗겼습니다. 그런데 그날 저녁 헨리 목사님은 이러한 감사의 일기를 남겼습니다.

첫째로, 내가 이전에는 한 번도 강도를 당한 적이 없었던 것에 감사합니다.

둘째로, 강도들이 내 지갑을 가져갔지만 내 생명을 가져가지 않은 것에 감사합니다.

셋째로, 그들이 내가 가진 모든 것은 가져갔지만 그것이 그리 많지 않음에 감사합니다.

넷째로, 강도 당한 사람이 나였고 내가 강도가 아닌 것에 감사합니다.

이 정도 되면 그가 평소에 얼마나 감사의 고백을 잘하는지 알 수 있습니다. 보통 사람 같으면 "하나님 어떻게 이러실 수 있습니까? 내가 복음을 전하러 가는데 왜 강도를 만납니까? 그 사람에게 벌을 내려 주든지 아니면 제 지갑이 다시 제게 돌아오게 해주세요."라는 말을 했을 것입니다. 그런데 헨리 목사님은 강도가 되지 않고 강도를 만났으니 감사하다고 고백합니다. 비록 돈은 빼앗겼을지 모르지만 그의 감사의 언어로 인해 하나님의 은혜는 풍성히 넘칠 수 있었습니다.

> 말이 씨가 된다는 경험을 해본 적이 있습니까? 부정적인 말이나 긍정적인 말이 실제 현실로 나타난 적이 있다면 서로 나눠 주세요.

....

....

성령님이 임하시면 미래에 대한 거룩한 꿈과 비전, 희망을 선포하게 됩니다. 성령님이 오셔서 믿음으로 충만하게 하시며, 우리의 생각을 바꾸어 거룩한 꿈을 꾸게 하십니다. 또한 믿음으로 선포할 수 있는 담대함까지 주십니다. 우리는 천국 가는 그날까지 하나님의 꿈과 비전을 가지고 "할 수 있다, 하면 된다, 해보자!"라고 선포하며 열정과 희망을 가지고 살아야 합니다. 하나님은 우리 입술의 고백을 통해 일하십니다. 우리가 희망의 믿음, 비전의 믿음, 문제 해결의 믿음, 긍정의 믿음을 선포할 때 하나님이 그 말을 통해 역사하십니다. 하나님의 꿈과 비전을 우리 입으로 선포할 때에 우리 마음속에는 꿈과 믿음, 용기와 담력이 만들어집니다.

"사람이 마음으로 믿어 의에 이르고 입으로 시인하여 구원에 이르느니라(로마서 10:10)."

1. 믿음을 고백하기

크리스천에게는 하나님의 축복을 감당할 수 있는 믿음이 있어야 합니다. 그리고 그 믿음을 말로 풀어 놓아야 합니다. 우리는 언제나 하나님의 도우심을 의지해야 하며 그 믿음을 고백해야 합니다. 시편 18편 2절에서 다윗이 고백합니다. "여호와는 나의 반석이시요 나의 요새시요 나를 건지시는 이시요 나의 하나님이시요 내가 그 안에 피할 나의 바위시요 나의 방패시요 나의 구원의 뿔이시요 나의 산성이시로다."

우리 삶에서도 이와 같은 믿음의 고백이 필요합니다. 당신 안에 있는 믿음을 입술로 고백할 때 그 믿음을 보시고 하나님이 믿음대로 되는 기적을 베풀어 주십니다.

2. 영적 권위로 승리를 선포하기

우리에겐 하나님으로부터 부여 받은 영적인 권위가 있습니다. 그러한 영적 권위를 가지고 믿음으로 선포할 때 능력이 나타납니다. 때로는 사람들 앞에서 공개적으로 믿음을 선포해야 할 때가 있습니다. 만약 응답되지 않는다면 망신을 당할 것이 뻔한 상황입니다. 하지만 그렇게 믿음으로 선포할 때 기적을 창조하는 믿음을 믿음 없는 사람들과 주님 앞에 보여 드릴 수 있습니다. 오히려 그 자리는 하나님께 영광을 돌릴 자리가 되는 것입니다. 하나님이 우리에게 이미 승리를 주셨다고 말씀하신 것을 믿고 담대함으로 외쳐야 합니다.

3. 믿음으로 희망을 선포하기

예수님 안에서 절망은 없습니다. 예수님의 십자가가 인간 편에서 볼 때는 절망이었지만, 하나님 편에서 볼 때 위대한 희망의 씨앗이었던 것을 기억해야 합니다. 예수님이 우리의 절대 희망이 되십니다. 그러므로 우리는 담대히 가슴을 펴고 믿음으로 선언해야 하는 것입니다. 때때로 많은 문제들이 연합군처럼 당신에게 몰려올 것입니다. 염려, 근심, 걱정, 고통, 괴로움, 마음속의 미움과 분노, 외로움과 고독, 이런 것들이 떼를 지어 몰려올 것입니다. 그때 그러한 것들을 바라보지 말고 믿음의 주요, 온전하게 하시는 주님을 바라보며 희망을 선포하기 바랍니다.

4. 긍정의 말로 긍정의 상황을 열라

모든 일이 좋아질 거라는 고백을 통해서 실제로 모든 일이 좋아질 수 있습니다. 매일 아침 이러한 고백을 거울을 보며 해보십시오. "나는 행운아다. 나는 행복하다. 하나님이 계신데 무엇이 문제냐! 희망이 있다. 잘될 것이다."

이러한 긍정의 고백이 당신의 삶에 긍정의 기운을 불어다 줍니다. 그리고 이것은 허무맹랑한 고백이 아닙니다. 실제로 우리는 예수님의 십자가 사건으로 인해 구원을 받음과 동시에 복 받는 자녀가 되었습니다. 예수님의 십자가를 통해 얻은 복을 누리기 위해 당신의 말로 긍정적인 상황을 계속적으로 풀어 놓아야 합니다.

 승리의 믿음을 말로 풀어 놓은 다윗

　다윗이 골리앗과 싸워 이길 수 있었던 것은 물맷돌을 던지는 실력이 탁월해서라기보다 그의 마음에 승리에 대한 확신이 있었기 때문입니다. 하나님은 우리 모두에게 이미 승리를 선언하셨지만 그것을 절대적으로 신뢰하는 자만이 진짜 승리하는 삶을 살 수 있습니다. 나아가 다윗은 자신의 그러한 믿음을 말로 풀어 놓음으로써 말의 권세를 사용했습니다. "전쟁은 여호와께 속한 것인즉 그가 너희를 우리 손에 넘기시리라(사무엘상 17:47)."라는 믿음의 선포는 이미 다윗을 승리자로 만들어 놓기에 충분했습니다.

　다윗은 이후에도 항상 수많은 기도와 고백으로 자신의 믿음을 하나님께 표현했습니다. 심지어 아들 압살롬의 반역으로 쫓기는 신세가 되었을 때에도 "여호와는 나의 목자시니 내게 부족함이 없으리로다 그가 나를 푸른 풀밭에 누이시며 쉴 만한 물 가로 인도하시는도다 내 영혼을 소생시키시고 자기 이름을 위하여 의의 길로 인도하시는도다(시편 23:1~3)."라는 믿음의 고백으로 하나님을 기쁘게 한 사람입니다.

　다윗과 같이 수많은 환란과 반복되는 고난을 경험한 사람도 드물 것입니다. 하지만 그가 역경의 삶 속에서도 '하나님 마음에 합한 자'라는 칭찬을 들을 수 있었던 것은 바로 이러한 믿음의 고백들 때문입니다. 또한 그의 믿음의 고백들처럼 하나님은 그를 지켜 주시고, 세워 주시며, 이스라엘 시대의 가장 큰 왕으로 사용하셨습니다.

 성경 말씀

삼상 17장 | ⁴⁰손에 막대기를 가지고 시내에서 매끄러운 돌 다섯을 골라서 자기 목자의 제구 곧 주머니에 넣고 손에 물매를 가지고 블레셋 사람에게로 나아가니라 ⁴¹블레셋 사람이 방패 든 사람을 앞세우고 다윗에게로 점점 가까이 나아가니라 ⁴²그 블레셋 사람이 둘러보다가 다윗을 보고 업신여기니 이는 그가 젊고 붉고 용모가 아름다움이라 ⁴³블레셋 사람이 다윗에게 이르되 네가 나를 개로 여기고 막대기를 가지고 내게 나아왔느냐 하고 그의 신들의 이름으로 다윗을 저주하고 ⁴⁴그 블레셋 사람이 또 다윗에게 이르되 내게로 오라 내가 네 살을 공중의 새들과 들짐승들에게 주리라 하는지라 ⁴⁵다윗이 블레셋 사람에게 이르되 너는 칼과 창과 단창으로 내게 나아 오거니와 나는 만군의 여호와의 이름 곧 네가 모욕하는 이스라엘 군대의 하나님의 이름으로 네게 나아가노라 ⁴⁶오늘 여호와께서 너를 내 손에 넘기시리니 내가 너를 쳐서 네 목을 베고 블레셋 군대의 시체를 오늘 공중의 새와 땅의 들짐승에게 주어 온 땅으로 이스라엘에 하나님이 계신 줄 알게 하겠고 ⁴⁷또 여호와의 구원하심이 칼과 창에 있지 아니함을 이 무리에게 알게 하리라 전쟁은 여호와께 속한 것인즉 그가 너희를 우리 손에 넘기시리라 ⁴⁸블레셋 사람이 일어나 다윗에게로 마주 가까이 올 때에 다윗이 블레셋 사람을 향하여 빨리 달리며 ⁴⁹손을 주머니에 넣어 돌을 가지고 물매로 던져 블레셋 사람의 이마를 치매 돌이 그의 이마에 박히니 땅에 엎드러지니라 ⁵⁰다윗이 이같이 물매와 돌로 블레셋 사람을 이기고 그를 쳐죽였으나 자기 손에는 칼이 없었더라 ⁵¹다윗이 달려가서 블레셋 사람을 밟고 그의 칼을 그 칼 집에서 빼내어 그 칼로 그를 죽이고 그의 머리를 베니 블레셋 사람들이 자기 용사의 죽음을

보고 도망하는지라 ⁵²이스라엘과 유다 사람들이 일어나서 소리 지르며 블레셋 사람들을 쫓아 가이와 에그론 성문까지 이르렀고 블레셋 사람들의 부상자들은 사아라임 가는 길에서부터 가드와 에그론까지 엎드러졌더라 ⁵³이스라엘 자손이 블레셋 사람들을 쫓다가 돌아와서 그들의 진영을 노략하였고 ⁵⁴다윗은 그 블레셋 사람의 머리를 예루살렘으로 가져가고 갑주는 자기 장막에 두니라

다윗은 거대한 골리앗과 싸울 때 그리고 압살롬의 반역으로 쫓기는 신세가 되었을 때에 어떻게 반응했습니까?

골리앗과 싸울 때 다윗이 행한 믿음의 선포들을 성경구절에서 찾아 적어 봅시다(삼상 17:47).

다윗의 이야기와 연관 지어 생각할 때 우리는 고난과 환란 앞에서 어떻게 말해야 합니까?

Step 5. 믿음으로 꿈과 비전을 선포하라

사람의 기운, 즉 '기(氣)'가 들어오고 빠지는 것이 입술의 말로써 이루어진다는 것을 알아야 합니다. 그러므로 스스로에게는 물론, 가족이나 이웃에게도 용기와 힘을 주는 말을 해야 합니다.

절대로 원망하지 마십시오. 불평하지 마십시오. 절망하지 마십시오. 자기 연민에 빠지지 마십시오. 안 된다고 말하지 마십시오. 어려움 속에서도 주님 안에서 감사하는 법을 배우고 희망을 선포하는 믿음을 키워 나가야 합니다. 우리 입술의 고백을 통해 하나님이 일하십니다. 우리가 희망의 믿음, 비전의 믿음, 문제 해결의 믿음을 선포할 때 하나님이 그 말을 통해 역사하신다는 것을 반드시 기억해야 합니다.

Check Point

1. (   )을 고백하기
2. 영적 권위로 (   )를 선포하기
3. 믿음으로 (   )을 선포하기
4. (   )로 긍정의 상황을 열라

내가 변화되는 시간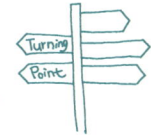

- 선포의 기도를 사용해서 응답 받은 경험이 있다면 나눠 봅시다.

  ....

  ....

- 당신이 자주 쓰는 부정적인 어휘들을 어떠한 긍정적인 언어로 대체할 것인지 적어 봅시다.

  ....

  ....

- 당신의 비전을 적고 큰 목소리로 선포해 봅시다.

  ....

  ....

- 앞으로 선포할 구체적인 기도 제목들을 적어 봅시다.

  ....

  ....

Self Image

Enthusiasm

Living Vision

Faith in Jesus

Word

Amen

Rebuilding

… Step 6 ….

Amen

성령 하나님의 음성을 듣고 순종하라

"하나님은 우리를 향한 최선, 최고의 계획을 갖고 계십니다. 그러므로 부르신 부름에 합당한 삶을 살 때 후회하지 않는 최고의 삶을 살 수 있습니다. 당신에게 맡겨진 사명이 무엇인가를 깨달아 하나님의 영광 위해 쓰임 받는 귀한 일꾼이 되어야 합니다."

Step 6

성령 하나님의 음성을 듣고 순종하라

Amen
* 나를 향하신 하나님의 뜻과 부르심이 무엇인지 찾아봅니다.
* 전적인 순종을 위해서 어떠한 과정을 훈련해야 하는지 살펴봅니다.

Story

찰스 피니가 청년 시절 뉴욕 변호사회사에서 변호사로 일할 때의 일입니다. 하루는 그가 새벽에 기도하는데 예수님의 음성이 들려왔습니다. "피니야, 너는 지금하고 있는 일이 끝나면 무엇을 하려느냐?" 그는 "제 이름으로 간판을 내걸고 변호사 사무실을 개업할 겁니다."라고 대답했습니다. 그러자 주님께서 다시 "그 다음에는 무엇이 되겠느냐?"라고 물으셨습니다. "부자가 되겠습니다." "그 다음에는 무엇을 하겠느냐?" "은퇴하겠지요." "그 다음에는 무엇을 하겠느냐?" "아무래도 죽겠지요." "죽은 후에는 무엇을 하겠느냐?" 그때 정신이 번쩍 들었습니다. "심판을 받겠지요."라고 대답을 한 후에 두려움이 꽉 들어찼습니다. '과연 내가 심판대 앞에 설 수 있는가!' 그래서 피니는 그 자리에서 일어나 산으로 가서 무릎을 꿇고 부르짖어 기도했습니다. "하나님, 저는 지금까지 형식적으로 주님을 믿었지 진정으로 믿지 못했습니다. 저를 구원해 주시고 평안을 주옵소서."

하루 종일 밥도 먹지 않고 부르짖어 기도하자 오후가 되어서 마음에 평안을 얻게 되었습니다. 평안이 넘쳐 오자 주님의 음성이 다시 들려왔습니다. "피니야, 나는 네가 변호사가 되지 않고 너 자신을 내게 맡겨 주의 종이 되길 원한다."

참으로 마음이 어려워지는 얘기였습니다. 그는 한창 변호사로 출세가도를 달리고 있었기 때문입니다. 그런데 주님이 그것을 버리고 주의 종이 되라고 하신 것입니다. 하지만 찰스 피니는 무엇을 따라야 할지 아는 사람이었습니다. 그는 변호사를 그만두고 주님의 종이 되었습니다. 그리고 성령의 불을 받아 그 당시 영적으로 크게 침체된 미국에서 영적 부흥을 일으켰습니다.

 아주 작은 것이라도 좋습니다. 성령님의 명령에 순종하여 행한 것이 있다면 적어 보세요.

....

....

누구도 예외 없이 단 한 번뿐인 인생을 살아갑니다. 그렇기 때문에 후회없는 인생을 위해서는 분명한 꿈과 목표를 가지고 믿음의 전진을 해야 합니다.

그런데 우리가 품은 꿈과 목표는 주님이 계획하신 뜻과 그 내용이 같아야만 합니다. 하나님의 자녀들은 왜 하나님이 나를 부르셨고, 하나님이 나를 통하여 어떠한 일을 이루기 원하시는지를 분명히 깨달아야 합니다. 주님께서 부르신 거룩한 소명을 따라서, 주님께서 주신 거룩한 목표를 향하여 믿음으로 나아갈 때 하나님이 우리를 통해 영광을 받으시고 큰일을 행하여 주십니다.

하나님께 쓰임 받기 위해 열심과 최선을 다하고 있지만 정작 성령님의 음성에 무관심하진 않습니까? 지금 당신을 부르시는 그 음성에 귀 기울이고 "아멘"으로 대답하며 나아갈 수 있어야 합니다.

> "믿음으로 아브라함은 부르심을 받았을 때에 순종하여 장래의 유업으로 받을 땅에 나아갈새 갈 바를 알지 못하고 나아갔으며"
> (히브리서 11:8)

1. 세상을 버리는 순종

하나님께 순종하기 위해서는 반드시 옛 삶을 청산하고 떠나야만 합니다. 육신의 정욕, 안목의 정욕, 이 세상 자랑을 떠나야 합니다. 이 세상과 하나님 나라를 동시에 손에 쥘 수는 없습니다. 사람들은 육신의 정욕이나 안목의 정욕, 이 세상 자랑도 떠나지 않고 하늘나라도 함께 소유하고 싶어 하지만 절대로 그런 일은 일어나지 않습니다.

요즘 많은 크리스천들이 하나님과도 더불어 살고, 세상과도 함께 살려 합니다. 그러나 한 처녀가 두 총각과 결혼할 수 없는 것처럼 세상과 하나님 나라를 겸하여 가질 수는 없습니다. 하나님을 따르기 위해서는 세상을 버려야만 합니다. 그때 성령님의 음성이 당신 삶에 더욱 분명하게 들려올 것입니다.

2. 기꺼이 희생하는 순종

예수님이 천국에 그대로 계셨다면 이 땅을 구원할 수 없었습니다. 천국의 영광과 보좌, 그 권세를 다 버리고 초라한 나사렛 동네의 처녀 마리아의 몸을 빌려서 사람으로 태어나야만 했습니다. 이것은 엄청난 희생입니다.

예수님은 하나님의 뜻을 이루기 위해 끝까지 순종하셨습니다. 누가복음 22장 42절에서 이렇게 고백하십니다. "아버지여 만일 아버지의 뜻이거든 이 잔을 내게서 옮기시옵소서 그러나 내 원대로 마시옵고 아버지의 원대로 되기를 원하나이다."

예수님 역시 완전한 인간의 몸으로 오셨기에 십자가 형벌이 두렵고, 그 짐이 너무도 무거웠을 것입니다. 하지만 그분은 자신을 향한 하나님의 뜻을 온전히 이루기 위해 기꺼이 희생하는 삶을 살았습니다. 성령님은 때로는 희생을 요구하십니다. 그 희생까지도 기쁨으로 감당할 때 우리 삶에 하나님의 큰 뜻이 이뤄지게 됩니다.

3. 하나님의 계획을 향한 순종

사람들은 쉽게 남의 말에 귀를 기울입니다. 하지만 사람의 음성에 귀를 기울이지 말고 하나님의 음성에 귀 기울여야 합니다. "주님, 제게 말씀하십시오. 제가 그 말씀을 듣고 순종하기를 원합니다."라고 고백해야 합니다.

우리를 향한 하나님의 계획을 물어야 합니다. 또한 자신이 하나님의 부르심에 합당한 삶을 살고 있는지 항상 점검해야 합니다. 하나님이 우리를 부르신 부름에 합당한 삶을 살아가는 것이 우리의 예정된 삶의 모습입니다.

4. 순종할 때 나타나는 능력과 기적

하나님은 순종하는 사람에게는 그 모든 일들을 감당할 능력 또한 주십니다. 하나님이 사명을 주실 때에는 두려워하지 말고 담대히 믿음으로 전진해 나가야 합니다. 또 주변에서 누가 뭐라고 한다 해도 핍박이 다가와도, 분명한 사명을 받았다면 전진 또 전진해야 합니다. 다른 것이 아니라 순종이 능력입니다. 성령의 음성에 순종할 때 그 삶이 변화되며 기적의 주인공이 될 수 있습니다.

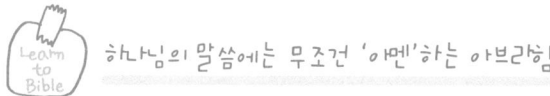
하나님의 말씀에는 무조건 '아멘'하는 아브라함

아브라함이 믿음의 조상이 될 수 있었던 가장 큰 이유는 하나님 말씀에 대한 무조건적인 '아멘'이라고 할 수 있습니다. 아브라함은 자신이 살던 고향을 떠나라는 말씀에 곧바로 순종합니다. 여기서 하나님은 어디로, 왜 떠나야 하는지 알려 주지 않으셨습니다. 하지만 그는 당시 살던 곳에서 누리던 부와 또 안전하고 정든 고향을 미련 없이 떠났습니다. 또한 아브라함은 100세에 얻은 귀한 아들 이삭을 하나님 앞에 번제물로 드리는 일에도 주저하지 않고 순종했습니다. 이삭을 제물로 받기 원하는 하나님의 뜻을 묻지도 않았습니다. 그저 이삭을 제물로 바치라는 하나님의 음성이 들렸을 때 주저하지 않고 즉시 순종했습니다.

이것이 하나님으로부터 인정받은 아브라함의 믿음입니다. 때로는 이해할 수 없는 상황에서도, 나에게 아무 유익이 없을 때에도, 심지어 나에게 피해가 되는 일인 것 같을 때에도 하나님은 순종하라고 말씀하십니다.

하지만 하나님이 원하시는 이 순종은 아무나 할 수 있는 것이 아닙니다. 먼저 하나님과 친밀한 관계를 통해 그 음성을 들을 수 있어야 하고, 하나님을 절대 신뢰하는 믿음이 있어야 합니다. 우리 안에 그러한 믿음이 있을 때에 순종할 수 있습니다. 또 이 믿음을 표현할 수 있는 것이 바로 순종입니다.

 성경 말씀

창 12장 | ¹여호와께서 아브람에게 이르시되 너는 너의 고향과 친척과 아버지의 집을 떠나 내가 네게 보여 줄 땅으로 가라 ²내가 너로 큰 민족을 이루고 네게 복을 주어 네 이름을 창대하게 하리니 너는 복이 될지라 ³너를 축복하는 자에게는 내가 복을 내리고 너를 저주하는 자에게는 내가 저주하리니 땅의 모든 족속이 너로 말미암아 복을 얻을 것이라 하신지라

창 13장 | ¹⁴롯이 아브람을 떠난 후에 여호와께서 아브람에게 이르시되 너는 눈을 들어 너 있는 곳에서 북쪽과 남쪽 그리고 동쪽과 서쪽을 바라보라 ¹⁵보이는 땅을 내가 너와 네 자손에게 주리니 영원히 이르리라 ¹⁶내가 네 자손이 땅의 티끌 같게 하리니 사람이 땅의 티끌을 능히 셀 수 있을진대 네 자손도 세리라 ¹⁷너는 일어나 그 땅을 종과 횡으로 두루 다녀 보라 내가 그것을 네게 주리라 ¹⁸이에 아브람이 장막을 옮겨 헤브론에 있는 마므레 상수리 수풀에 이르러 거주하며 거기서 여호와를 위하여 제단을 쌓았더라

창 22장 | ¹그 일 후에 하나님이 아브라함을 시험하시려고 그를 부르시되 아브라함아 하시니 그가 이르되 내가 여기 있나이다 ²여호와께서 이르시되 네 아들 네 사랑하는 독자 이삭을 데리고 모리아 땅으로 가서 내가 네게 일러 준 한 산 거기서 그를 번제로 드리라 ³아브라함이 아침에 일찍이 일어나 나귀에 안장을 지우고 두 종과 그의 아들 이삭을 데리고 번제에 쓸 나무를 쪼개어 가지고 떠나 하나님이 자기에게 일러 주신 곳으로 가더니 ⁴제삼일에 아브라함이 눈을 들어 그 곳을 멀리 바라본지라 ⁵이에 아브라함이 종들에게 이르되 너희는 나귀와 함께 여기서 기다리라 내가 아이와 함께 저기 가서 예배하고 우리가 너희에게

로 돌아오리라 하고 6아브라함이 이에 번제 나무를 가져다가 그의 아들 이삭에게 지우고 자기는 불과 칼을 손에 들고 두 사람이 동행하더니 7이삭이 그 아버지 아브라함에게 말하여 이르되 내 아버지여 하니 그가 이르되 내 아들아 내가 여기 있노라 이삭이 이르되 불과 나무는 있거니와 번제할 어린 양은 어디 있나이까 8아브라함이 이르되 내 아들아 번제할 어린 양은 하나님이 자기를 위하여 친히 준비하시리라 하고 두 사람이 함께 나아가서

하나님이 아브라함에게 처음으로 하신 명령을 적어 봅시다(창 12:1).

....

....

가나안으로 떠나라는 명령에 순종했을 때 하나님이 어떠한 축복을 주셨습니까?(창 13:14~17)

....

....

이삭을 바치라고 했을 때 아브라함은 어떠한 반응을 보였습니까?(창 22:3)

....

....

하나님은 우리 모두를 하나님의 일꾼으로 쓰기 원하십니다. 하나님 말씀에 순종하고 겸손함으로 충성하면 주님이 우리를 도우십니다. 우리 입술에 말씀을 주시는 것입니다. 예레미야 1장 9절, 10절을 보면 "여호와께서 그의 손을 내밀어 내 입에 대시며 여호와께서 내게 이르시되 보라 내가 내 말을 네 입에 두었노라 보라 내가 오늘 너를 여러 나라와 여러 왕국 위에 세워 네가 그것들을 뽑고 파괴하며 파멸하고 넘어뜨리며 건설하고 심게 하였느니라 하시니라."라고 말하고 있습니다.

하나님은 우리를 향한 최선, 최고의 계획을 갖고 계십니다. 그러므로 부르신 부름에 합당한 삶을 살 때 후회하지 않는 최고의 삶을 살 수 있습니다. 당신에게 맡겨진 사명이 무엇인가를 깨달아 하나님의 영광 위해 쓰임 받는 귀한 일꾼이 되길 바랍니다.

Check Point

1. (　　) 버리는 순종
2. 기꺼이 (　　　)하는 순종
3. 하나님의 (　　　)을 향한 순종
4. (　　)할 때 나타나는 능력과 기적

내가 변화되는 시간

지금까지 하나님 앞에 불순종했던 것을 하나님이 기억나게 하신다면 적어 봅시다.

....

....

하나님께 순종하는 것을 방해하는 당신 마음의 걸림돌은 무엇입니까?

....

....

순종함을 통해서 우리가 받게 되는 인생의 복에는 무엇이 있을까요?

....

....

하나님 앞에 순종하겠다는 믿음의 기도문을 적어 봅시다.

....

....

Self Image

Enthusiasm

Living Vision

Faith in Jesus

Word

Amen

Rebuilding

::::Step 7::::

Rebuilding

자기 개발과 훈련에 성공하라

> 하나님이 우리를 낮추시고 시험하시는 것은 우리를 잘되게 하기 위함입니다. 지금 당장은 훈련 코치되시는 하나님의 속뜻을 잘 알 수 없을지라도 훈련에 동참하며 열심히 나아갈 때 궁극적으로 우리는 더욱 성장한 믿음을 소유하게 될 것입니다.

S E L F W A R

Step 7
자기 개발과 훈련에 성공하라

Rebuilding
* 신앙 성장을 위한 자기 개발과 훈련에는 무엇이 있는지 알아봅니다.
* 크리스천의 자기 개발과 훈련은 궁극적으로 무엇을 위한 것인지 살펴봅니다.

Story

일본의 어느 회사는 신입사원 면접을 후지산 꼭대기에서 본다고 합니다. 후지산의 높이는 3,776미터로 일본에서 가장 높은 산입니다. 그렇게 높은 산임에도 불구하고 많은 사람들이 그 회사에 입사하기 위해서 있는 힘을 다해 올라갑니다. 산을 오르는 과정에서 많은 사람들이 불평하기도 하고, 체력이 고갈되어 산 중턱에서 포기하기도 합니다. 하지만 워낙에 좋은 조건의 회사이기 때문에 많은 사람들이 도전을 합니다. 또 많은 도전자만큼 많은 중도 탈락

자가 있다고 합니다. 그렇기 때문에 아무리 좋은 학벌과 실력을 갖춘 사람이라도 산꼭대기에 오르지 못하면 면접 볼 기회조차 얻지 못하는 것입니다.

산을 오르는 것은 생각보다 여러 가지 역량을 필요로 합니다. 먼저 혼자 높은 산을 올라가기 위해서는 판단력과 추진력이 필요합니다. 또 오랜 시간 산을 걸어 올라갈 인내력과 체력, 또 터무니없는 장소에서 면접을 보더라도 순순히 찾아 올라가는 순종이 갖춰져 있어야만 합니다.

사실 이 방식 때문에 더 좋은 실력을 갖춘 후보자가 탈락할 수도 있습니다. 그러면 회사 입장에서는 어쩌면 산만 잘 타고 실력 없는 사람을 뽑아 손해가 될지도 모릅니다. 그럼에도 불구하고 이 회사는 이러한 면접 방식을 고집하고 있습니다. 왜냐하면 산을 오르는 과정에서 이미 판단력, 추진력, 인내력, 체력 등을 시험해 볼 수 있기 때문입니다. 이러한 것들은 순간적으로 열심히 노력한다고 해서 갖추게 되는 것이 아닙니다. 자격증이나 다른 실력들보다 오랜 시간 투자해야만 생겨나는 자질들입니다. 회사는 꾸준히 스스로를 훈련하고 자기 개발을 위해 힘써 온 인재를 뽑고자 했던 것입니다.

오랜 시간 공들여 행하고 있는 자기 개발과 훈련에는 무엇이 있습니까?

....

....

성경에는 크리스천을 독수리에 비유해서 말씀한 부분이 굉장히 많습니다. 특별히 독수리는 40년을 살고 난 뒤에는 회춘하여 새로운 모습으로 살게 됩니다. 독수리의 일생이 80년쯤이라고 합니다. 그런데 40살쯤 되면 부리가 굳어져 먹이를 제대로 집을 수도 없고, 발톱이 석고처럼 굳어져 짐승을 움켜잡을 수조차 없습니다. 그래서 40살쯤 된 독수리는 산속 깊은 바위에 가서 자기 털을 전부 입으로 뽑아냅니다. 그리고 난 다음에는 부리가 다 뽑힐 정도로 주둥이를 바위에 칩니다. 그렇게 자신의 옛것을 전부 버리면 40일 뒤에는 새 발톱, 새 부리가 나오고, 몸의 털도 새로 나와서 완전히 새로운 모습으로 산다고 합니다. 우리 크리스천도 마찬가지입니다. 예수님을 믿고 구원 받았다면 과거의 습관과 죄악을 버리기 위해 몸을 쳐 복종시키는 훈련과 노력을 해야 합니다. 끊임없이 믿음의 성장을 위한 자기 개발과 훈련을 할 때 독수리와 같이 새로운 삶을 살 수 있습니다.

> "내가 내 몸을 쳐 복종하게 함은 내가 남에게 전파한 후에 자신이 도리어 버림을 당할까 두려워함이로다 (고린도전서 9:27)"

1. 인격적인 변화를 체험하라

성격이 사나운 사람이 구원을 받으면 성격이 부드러워지고, 거짓말을 잘하는 사람이 구원을 받으면 거짓말이 없어져야 하지만 실제로는 그렇지 않습니다. 구원 그 자체는 인간의 노력 없이 순수하게 예수 그리스도의 은혜로 말미암은 것입니다. 하지만 성령님이 우리 안에 오신 이후에는 인격적인 변화를 체험하기 위해 노력해야 합니다. 구원은 한순간에 받지만 그 이후로는 천국 갈 때까지 계속해서 성령으로 말미암아 인격적인 변화를 훈련 받게 되는 것입니다.

2. 시험과 환란을 통해 깨어지라

우리는 각종 시험과 환란을 통해서 하나님께 순종 잘하는 성격으로 변화 받습니다. 그러나 우리가 깨어지지 않으면 하나님의 뜻이 우리 삶 가운데 나타나지 않습니다. 그러므로 환란이 다가올 때 온전히 자아의 모든 것이 깨어져야 하는 것입니다. 우리가 받아야 할 훈련은 세상의 훈련과는 다릅니다. 세상의 자기 개발과 훈련이 무언가를 더 축적하고 쌓아 가는 것이라면, 하나님 안에서의 자기 개발과 훈련은 점점 더 자신을 버리는 것입니다. 우리가 완전히 깨어질 때 온전하게 하나님의 주권으로 사는 능력을 소유하게 됩니다.

3. 성령의 바람을 타라

진실로 예수님을 잘 믿고 신앙이 깊어진 사람은 성령의 바람을 타고 성령의 능력으로 삽니다. 성령님이 24시간 그 사람과 함께하시며 돕고 계신 것입니다. 기도도 성령의 능력으로 하고, 전도도 성령의 능력으로 합니다.

독수리가 2, 3시간 이상 5천 미터 이상의 공중에 떠 있어도 자유롭게 날 수 있는 것은 기류를 타기 때문입니다. 바람의 힘을 의지하는 것입니다. 반대로 참새는 자기 날갯짓으로 날아다닙니다. 그래서 기껏해야 50미터, 100미터를 올라가지만 헉헉거립니다. 오늘날 크리스천의 문제는 독수리 신자가 되지 못하고 참새 신자가 되어 있다는 것입니다. 사람의 힘은 한계가 있습니다. 하지만 성령의 기류를 타면 얼마든지 높이 올라갈 수 있고, 힘도 들지 않습니다. 그러므로 우리는 성령의 능력을 의지하는 훈련을 해야만 합니다.

4. 믿음으로 홀로 서라

믿음의 초창기에는 아버지, 어머니의 믿음, 구역장의 믿음, 장로, 집사들의 믿음에 많은 부분 의지합니다. 그들의 도움으로 예수님을 믿고, 기도하고, 찬송도 하고, 예배와 모임에 참석합니다. 하지만 어느 정도 시간이 지난 후에는 이 모든 것을 스스로 해야 합니다. 그런데 믿음으로 홀로 서기를 거부하는 사람이 있습니다. 하나님이 우리의 처소를 가시둥지가 되게 하고, 여러 가지 어려움을 겪게 하는 것은 성장한 믿음을 가지라는 메시지입니다. 개인적인 소망과 사랑을 지니고, 스스로 철야기도 하고, 기도원에도 가고, 기도와 말씀 생활을 스스로 즐겨할 수 있는 독립된 신앙을 하나님이 원하시는 것입니다.

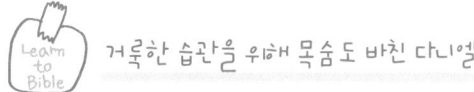 거룩한 습관을 위해 목숨도 바친 다니엘

  다니엘은 지혜롭고 용모가 뛰어난 사람으로 바벨론 포로 시절 왕에게 많은 혜택을 입었습니다. 바벨론의 왕인 느부갓네살은 그의 지혜로움과 용모를 보고 자신 곁에 두기를 원했습니다. 하지만 하나님은 다니엘의 지혜와 용모가 아닌 거룩한 습관을 향한 끊임없는 자기 노력을 기뻐하셨습니다.

  다니엘은 하나님의 명령을 지키기 위해 왕이 내리는 진미와 포도주를 먹지 않고 신앙의 절개를 지켰습니다. 이러한 그의 태도로 인해 그는 죽을 수도 있는 상황이었습니다. 하지만 그는 거룩한 습관을 지켜나가는 것으로써 하나님을 향한 믿음을 표현했습니다.

  이런 그에게 하나님은 지혜를 더하셔서 지혜롭게 죽음의 상황을 모면하게 하셨고, 사자굴에서도 건짐을 받게 하셨습니다.

  다니엘의 학문과 재주가 뛰어난 것에 많은 사람들이 주목하지만 그가 하나님 말씀을 최우선으로 생각하고 지켜 행한 것이 먼저 행해진 일이라는 것을 기억해야 합니다.

  우리는 살아가면서 얼마나 쉽게 하나님의 명령과 뜻을 저버립니까? 죄의 유혹에는 또 얼마나 쉽게 넘어갑니다. 하나님의 명령을 지켜 행하는 거룩한 습관은 하루아침에 만들어지는 것이 아닙니다. 끊임없는 연단과 자기 절제의 노력이 있어야만 가능한 것입니다.

 성경 말씀

단 1장 | ³왕이 환관장 아스부나스에게 말하여 이스라엘 자손 중에서 왕족과 귀족 몇 사람 ⁴곧 흠이 없고 용모가 아름다우며 모든 지혜를 통찰하며 지식에 통달하며 학문에 익숙하여 왕궁에 설 만한 소년을 데려오게 하였고 그들에게 갈대아 사람의 학문과 언어를 가르치게 하였고 ⁵또 왕이 지정하여 그들에게 왕의 음식과 그가 마시는 포도주에서 날마다 쓸 것을 주어 삼 년을 기르게 하였으니 그 후에 그들은 왕 앞에 서게 될 것이더라 ⁸다니엘은 뜻을 정하여 왕의 음식과 그가 마시는 포도주로 자기를 더럽히지 아니하리라 하고 자기를 더럽히지 아니하도록 환관장에게 구하니 ⁹하나님이 다니엘로 하여금 환관장에게 은혜와 긍휼을 얻게 하신지라 ¹⁰환관장이 다니엘에게 이르되 내가 내 주 왕을 두려워하노라 그가 너희 먹을 것과 너희 마실 것을 지정하셨거늘 너희의 얼굴이 초췌하여 같은 또래의 소년들만 못한 것을 그가 보게 할 것이 무엇이냐 그렇게 되면 너희 때문에 내 머리가 왕 앞에서 위태롭게 되리라 하니라 ¹¹환관장이 다니엘과 하나냐와 미사엘과 아사랴를 감독하게 한 자에게 다니엘이 말하되 ¹²청하오니 당신의 종들을 열흘 동안 시험하여 채식을 주어 먹게 하고 물을 주어 마시게 한 후에 ¹³당신 앞에서 우리의 얼굴과 왕의 음식을 먹는 소년들의 얼굴을 비교하여 보아서 당신이 보는 대로 종들에게 행하소서 하매 ¹⁴그가 그들의 말을 따라 열흘 동안 시험하더니 ¹⁵열흘 후에 그들의 얼굴이 더욱 아름답고 살이 더욱 윤택하여 왕의 음식을 먹는 다른 소년들보다 더 좋아 보인지라 ¹⁶그리하여 감독하는 자가 그들에게 지정된 음식과 마실 포도주를 제하고 채식을 주니라 ¹⁷하나님이 이 네 소년에게 학문을 주시고 모든 서적을 깨닫게 하시고 지혜

를 주셨으니 다니엘은 또 모든 환상과 꿈을 깨달아 알더라 ¹⁸왕이 말한 대로 그들을 불러들일 기한이 찼으므로 환관장이 그들을 느부갓네살 앞으로 데리고 가니 ¹⁹왕이 그들과 말하여 보매 무리 중에 다니엘과 하나냐와 미사엘과 아사랴와 같은 자가 없으므로 그들을 왕 앞에 서게 하고 ²⁰왕이 그들에게 모든 일을 묻는 중에 그 지혜와 총명이 온 나라 박수와 술객보다 십 배나 나은 줄을 아니라 ²¹다니엘은 고레스 왕 원년까지 있으니라

다니엘은 어떠한 사건 때문에 죽을 수도 있는 위험한 상황에 이르렀습니까?(단 1:8)

....

....

하나님은 다니엘에게 어떠한 지혜를 허락하셔서 위기로부터 벗어날 수 있었습니까?(단 1:12~15)

....

....

다니엘이 거룩한 습관을 지켜 냈을 때에 하나님께서 주신 유익은 무엇이었습니까?(단 1:17)

....

....

하나님은 우리에게 복을 주시기 원하십니다. 우리를 망하게 하시려고 고난과 환란을 주시는 것이 아닙니다. 우리가 하나님을 믿으면 믿을수록 하나님은 우리에게 복을 주십니다. 이 복 주는 훈련을 시키려고 가시둥지에서 자라나게 하시고, 벼랑 끝에서 떨어지는 시련을 주시는 것입니다. 이런 훈련을 통해 하나님을 믿는 마음이 변하지 않고 성령님의 능력을 의지하게 됩니다.

하나님은 자신의 자녀들이 크리스천으로서 세상에서 부끄러움 없이 살길 원하십니다. 하나님이 우리를 낮추시고 시험하시는 것 또한 우리를 잘되게 하기 위함입니다. 지금 당장은 훈련 코치되시는 하나님의 속뜻을 잘 알 수 없을지라도 훈련에 동참하며 열심히 나아갈 때 궁극적으로 우리는 더욱 성장한 믿음을 소유하게 될 것입니다.

Check Point

1. (   ) 변화를 체험하라
2. 시험과 환란을 통해 (   )
3. (   )의 바람을 타라
4. 믿음으로 (   ) 서라

내가 변화되는 시간

- 평소 스스로 행하는 신앙 훈련에 대해 적어 봅시다(기도, 말씀, 묵상 등).

....

....

- 신앙 훈련을 행함에 있어서 부족하다고 생각되는 부분은 무엇입니까?

....

....

- 지속적이고 규칙적인 신앙생활을 위한 계획서를 작성해 봅시다.

....

....

- 예수님의 거룩한 습관을 닮아 가고자 하는 선언문을 적어 봅시다.

....

....

Self Image

Enthusiasm

Living Vision

Faith in Jesus

Word

Amen

Rebuilding

Workshop

4차원의 영성 리더십 훈련

지금까지 살펴본 4차원의 영성 리더십은 자기 자신과의 영적 싸움에서 승리하게 될 때 개발될 수 있는 덕목들입니다. 이번 시간은 워크숍을 통해 지금까지 학습했던 7가지 주제(SELF WAR)를 다시 정리하는 시간을 갖도록 하겠습니다.

― 편집부

1단계: Self Image 예수 안에서 영적 승리의 자화상을 개발하라

1. 택하신 족속
2. 왕 같은 제사장
3. 거룩한 나라
4. 하나님의 소유가 된 백성

 승리의 자화상 그리기

리더는 자화상이 건강한 사람입니다. 지도자로서 바로 서기 위해서는 먼저 부정적이고, 이기적이며, 자기중심적인 자화상에서 벗어나야 합니다. 그리고 예수 그리스도의 십자가로 말미암은 승리의 자화상을 회복해야 합니다. 당신의 변화된 모습을 생각하고 스스로에게 선포해 보십시오. 이것은 예수님 안에서 건강한 자화상을 그려 나가는 연습입니다. 예수님이 십자가 사건을 통해 그분의 자녀 된 이들에게 주신 약속을 좇아 긍정의 자화상을 품고, 자신이 어떠한 사람인지 소개해 보십시오.

....
....
....
....

2단계: Enthusiasm 주를 섬기는 열정으로 오늘을 살라

1. 선한 싸움을 싸우라
2. 목표를 알고 달려가라
3. 귀한 것을 주님께 드려라
4. 예수 그리스도의 사랑을 전하라

 **내 안에 잠자는 열정을 깨우는 법**

리더는 열정의 불이 꺼지지 않는 사람입니다. 7년을 수일처럼 여겼던 야곱처럼 주를 위해 하루하루 최선을 다할 줄 아는 뜨거운 가슴이 있어야 합니다. Enthusiasm(열정)은 라틴어의 En(~안에)와 theos(하나님)를 합친 합성어입니다. 즉, 열정은 '하나님 안에 있을 때' 생기는 것입니다. 주 안에 있어야 내 안에 잠자는 열정이 살아납니다. 무한한 열정의 사람이 되기 위해서는 주를 위해 작은 일부터 시작하면서 열정을 깨워야 합니다. 주를 위해 당신은 어떤 일의 시작을 결단하겠습니까?

3단계: Living Vision 마음하늘에 하나님의 꿈을 그려라

1. 꿈이 있는 자를 사용하시는 하나님
2. 하나님의 손을 움직이게 만드는 꿈
3. 십자가를 통해 받아들이는 꿈
4. 매일 꾸는 거룩한 꿈

 10년 후 나의 미래는?

리더는 하나님이 주시는 꿈을 꾸는 사람입니다. 하나님은 요셉처럼 마음에 이루려는 꿈과 소원이 분명한 사람을 지도자로 세우십니다. 일단 꿈을 그리기 시작하면 3차원의 환경과 운명도 꿈을 좇아 끌려오게 됩니다. '꿈은 내 마음에 열정을 일으키는 미래의 그림'(빌 하이벨스)이라고 생각해 보십시오. 당신이 하나님으로부터 받은 꿈은 무엇입니까? 지금부터 기도하는 마음으로 마음하늘에 품은 당신의 10년 후 모습을 하나하나 구체적으로 기록해 보시기 바랍니다.

....
....
....
....
....

4단계: Faith in Jesus 모든 상황 속에서 절대 긍정의 믿음을 길러내라

1. 절대 긍정의 믿음
2. 능력을 의지하는 믿음
3. 자족하는 믿음
4. 어떠한 환경에도 적응하는 믿음

 할 수 있다! 하면 된다! 해보자!

리더는 절대 긍정의 믿음을 가진 사람입니다. 리더가 되려면 어떠한 환경에서도 예수님 안에서 긍정적인 믿음을 가지고 약속의 말씀을 붙들어야 합니다. 손에 잡히는 것 없고, 눈에 보이는 것 없고, 귀에 들리는 것 없지만 인내하며 말씀대로 사는 법을 배워야 합니다. 이제부터 모든 상황을 믿음의 눈으로 바라보는 훈련을 하기 바랍니다. 당신에게 절대 긍정의 믿음이 필요한 기도의 제목이 있다면 적어 보십시오.

5단계: Word 믿음으로 꿈과 비전을 선포하라

1. 믿음을 고백하기
2. 영적 권위로 승리를 선포하기
3. 믿음으로 희망을 선포하기
4. 긍정의 말로 긍정의 상황을 열라

 말한 대로 된다!

리더는 입술의 권세를 아는 사람입니다. 리더는 하나님이 주신 생각과 믿음과 꿈을 긍정적인 말로 심는 훈련을 해야 합니다. 미래의 자신의 모습이 입술의 열매로 나타날 것을 믿고 자신에게 선포해 보십시오. 조용기 목사님도 아침마다 비전을 큰 소리로 외치며 미래를 심었다고 합니다. 당신이 말로 심어야 할 하나님이 주신 생각과 믿음과 꿈이 있다면 기록해 보십시오.

....
....
....
....
....
....

6단계: Amen 성령 하나님의 음성을 듣고 순종하라

1. 세상을 버리는 순종
2. 기꺼이 희생하는 순종
3. 하나님의 계획을 향한 순종
4. 순종할 때 나타나는 능력과 기적

 기도 습관으로 성령님과 동행하라

리더는 성령님과 동행하는 사람입니다. 이 세상을 본받지 말고 육신의 정욕과 안목의 정욕, 이생의 자랑에서 떠나 성령께 집중해야 합니다. 성령님과의 깊은 교제를 통해 우리의 묵은 때를 벗어 버리고 성령님의 음성에 순종할 때 기적은 일어나는 것입니다. 성령님과 친해지기 위해서는 기도를 습관으로 만들어야 합니다. 기도가 삶의 우선순위가 되어야 성령님의 음성을 들을 수 있습니다. 당신의 기도 습관에 대해 얘기해 보고, 앞으로 성령님과의 친밀한 교제를 위해 어떠한 기도 습관을 만들어 나갈 것인지 적어 봅시다.

7단계: Rebuilding 자기 개발과 훈련에 성공하라

1. 인격적인 변화를 체험하라
2. 시험과 환란을 통해 깨어지라
3. 성령의 바람을 타라
4. 믿음으로 홀로 서라

 나는 날마다 죽노라!

    리더는 자기 개발을 쉬지 않는 사람입니다. 리더는 무엇보다 자기 자신을 극복해야 합니다. 끊임없이 자기를 부인하고 예수님의 인격을 닮아 가는 작은 예수가 되어야 합니다. 고난이 올 때는 더욱 자신을 부인하고 성령님을 높이는 훈련을 해야 합니다. 미래의 나는 오늘의 나를 깨뜨릴 때 점점 허물을 벗고 나옵니다. 당신이 더욱 성장하기 위해서 극복해야 할 장애물이 있다면 무엇입니까? 또 그것을 극복하기 위해 필요한 자기 개발은 무엇입니까?

4차원의 영성 리더십 학교
NOTE

4차원의 영성 리더십 학교
NOTE

차원의 영성 리더십 학교

초판 1쇄 발행	2010년 5월 1일
초판 17쇄 발행	2010년 10월 1일
지은이	이영훈
펴낸곳	교회성장연구소
편집인	이장석
편집장	이봉연
기획	여의도순복음교회 교회성장국
편집	최진영, 곽은애, 김영선
디자인	조성미
마케팅 팀장	이승조
마케팅	김성경
등록번호	제12-177호
주소	서울시 영등포구 여의도동 11-14 영산복지센터 8층
전화	02-2036-7935
팩스	02-2036-7910
웹사이트	www.pastor21.net

책 가격은 뒤표지에 있습니다.

ISBN : 978-89-8304-155-5 03230
잘못 만들어진 책은 바꾸어 드립니다.